KOCHEN MIT

SUPER FOODS

REZEPTE FÜR KÖRPER,
GEIST UND SEELE

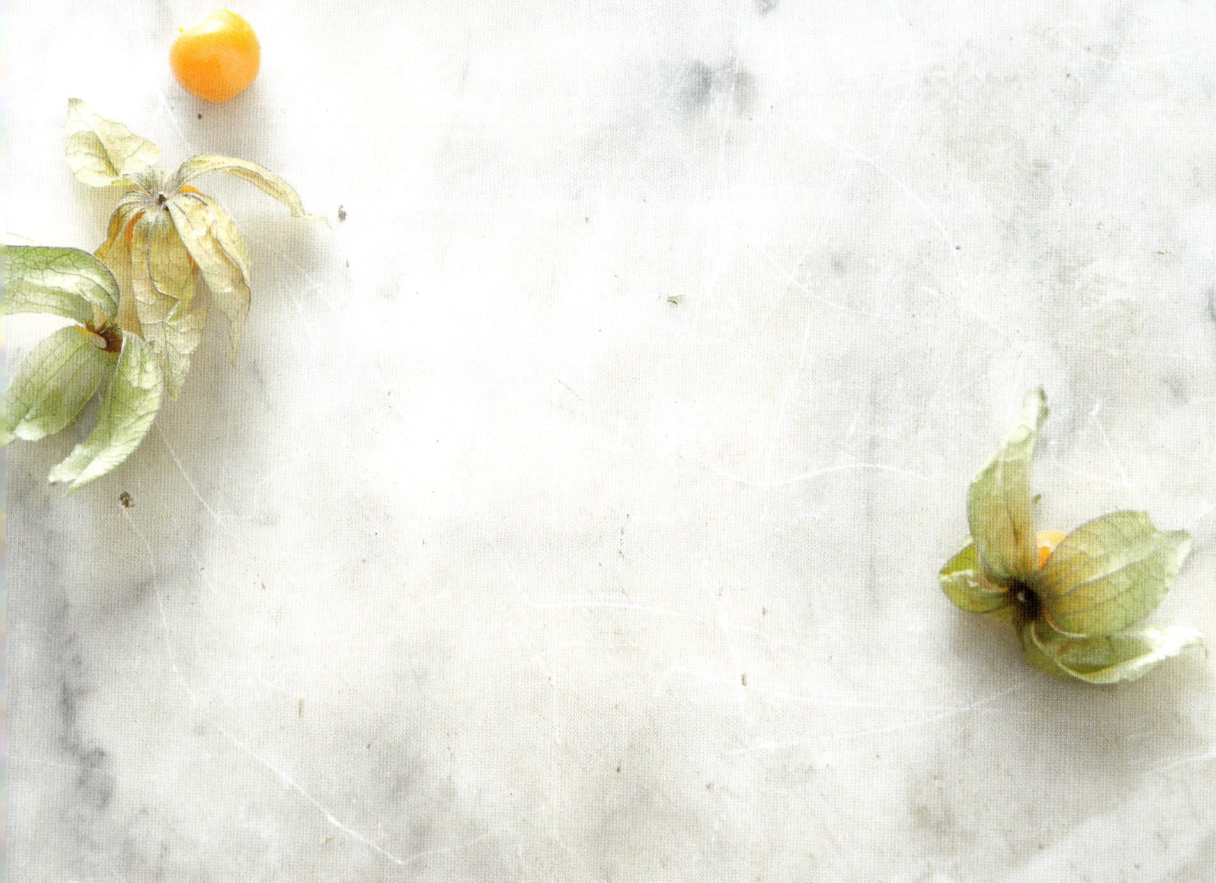

KOCHEN MIT

SUPER FOODS

REZEPTE FÜR KÖRPER,
GEIST UND SEELE

AUTOREN: SUSANNA BINGEMER UND HANS GERLACH
FOTOS: MARIA GROSSMANN UND MONIKA SCHÜRLE

QUALITÄTS G|U GARANTIE

DIE GU-QUALITÄTS-GARANTIE

Wir möchten Ihnen mit den Informationen und Anregungen in diesem Buch das Leben erleichtern und Sie inspirieren, Neues auszuprobieren. Bei jedem unserer Bücher achten wir auf Aktualität und stellen höchste Ansprüche an Inhalt, Optik und Ausstattung. Alle Rezepte und Informationen werden von unseren Autoren gewissenhaft erstellt und von unseren Redakteuren sorgfältig ausgewählt und mehrfach geprüft. Deshalb bieten wir Ihnen eine 100%ige Qualitätsgarantie.

Darauf können Sie sich verlassen:
Wir legen Wert darauf, dass unsere Kochbücher zuverlässig und inspirierend zugleich sind.
Wir garantieren:

- dreifach getestete Rezepte
- sicheres Gelingen durch Schritt-für-Schritt-Anleitungen und viele nützliche Tipps
- eine authentische Rezept-Fotografie

Wir möchten für Sie immer besser werden:
Sollten wir mit diesem Buch Ihre Erwartungen nicht erfüllen, lassen Sie es uns bitte wissen! Wir tauschen Ihr Buch jederzeit gegen ein gleichwertiges zum gleichen oder ähnlichen Thema um. Nehmen Sie einfach Kontakt zu unserem Leserservice auf. Die Kontaktdaten unseres Leserservice finden Sie am Ende dieses Buches.

GRÄFE UND UNZER VERLAG
Der erste Ratgeberverlag – seit 1722.

KV

INHALT

SUPERFOODS FÜR ALLE

Es macht Spaß, mit Superfoods in der Küche zu experimentieren. Unbekannte Texturen und Aromen zu entdecken, zu schmecken und sie mit bekannten zu kombinieren. Seit wir Superfoods auf unserem Speiseplan haben, ist Kochen für uns noch spannender und anregender geworden. Und wir fühlen uns energiegeladener und gesünder. Weil Superfoods mit ihren hoch konzentrierten Nährstoffen die Ernährung gehörig pushen. Sie stärken das Immunsystem, bringen Vitalität und gute Laune. Noch eine frohe Botschaft: Superfoods sind für alle da. Ganz egal, ob Sie Fleisch, vegetarisch, vegan essen oder nur zu Rohkost greifen. Am wirkungsvollsten sind diese Power-Pakete natürlich, wenn Sie sich insgesamt bewusst ernähren.

Wir stellen Ihnen in unserem Kochbuch von Acaibeere bis Zimt die besten Superfoods vor, die sich prima zum Kochen eignen – darunter sind auch viele preiswerte, die aus unseren Breitengraden stammen, wie Blaubeeren, Leinsamen oder Spinat. Und natürlich zeigen wir Ihnen mit vielen köstlichen Rezepten, wie einfach das geht – das Kochen mit Superfoods. Wir haben uns für überwiegend vegane Rezepte entschieden, manchmal mit einer Veggie-Alternative.

Wer nicht auf Fleisch verzichten möchte, brät sich ein Stück dazu. Die meisten Rezepte sind einfach, bei den etwas komplizierteren wie den Samosas lohnt sich aber der Aufwand. Am Ende des Buches finden Sie für alle verwendeten Superfoods alternative Nahrungsmittel, so haben Sie bei den Rezeptzutaten mehr Spielraum.

Damit Sie Superfoods ganz easy in Ihren Alltag aufnehmen können, haben wir zudem viele To-go-Rezeptideen auf Lager. Denn in der Kantine von Büro und Uni oder auf Reisen bekommt man noch nicht unbedingt einen tollen Superfood-Lunch. Noch entspannter wird Ihre Woche, wenn Sie einige der Leckereien schon am Wochenende vorbereiten – oder wann immer Sie dazu Zeit haben. Dafür eignet sich nämlich. die vegane Superfood-Küche ganz hervorragend: Vorbereitete Cracker, Dips, vegane Crème fraîche, Superfood-Cookies oder Gemüsebrühe, Pflanzerl oder Chutney füllen wunderbar den Vorrat auf. So haben Sie dann auch während der Woche immer schnell etwas richtig Gutes auf dem Teller.

Viel Spaß und viel Genuss beim Kochen mit Superfoods.

Susanna Bingemer Hans Gerlach

DIE BASICS

Was sind Superfoods? Was können sie?
Das erfahren Sie auf den folgenden Seiten und außerdem, was es mit Antioxidantien auf sich hat, warum Grün und Rot gesunde Farben sind, wie einfach Sie Superfoods im Alltag einbauen oder mit ihnen eine Detox-Woche einlegen können. Und wir verraten Ihnen auch unsere Lieblinge.

VOLLE KRAFT VORAUS!

Ob Heidelbeeren, Grünkohl oder Chiasamen und rohe Kakaobohnen – mit den richtigen Nahrungsmitteln können Sie Ihren täglichen Speiseplan nicht nur in puncto Gesundheit, sondern auch kulinarisch ganz gehörig aufwerten. Lernen Sie die nährstoffreichen, pflanzlichen Nahrungsmittel besser kennen und experimentieren Sie damit.

Längst sind sie auch bei uns Trend – Superfoods. Aber was heißt das eigentlich? Eine genaue wissenschaftliche Definition gibt es nicht, doch im Grunde ist es ganz einfach: Superfoods sind pflanzliche, naturbelassene Nahrungsmittel, in denen extra viel wertvolle Nährstoffe stecken. Sie bersten geradezu von Vitaminen, Mineralstoffen, Proteinen, gesunden Fettsäuren und sekundären Pflanzenstoffen. Und Superfoods sind nicht nur exotische Amazonas-Beeren. Superfoods gibt es überall auf der Welt – auch bei uns wachsen sie, zum Beispiel Leinsamen, Sanddorn oder Wildkräuter. Der Superfoods-Trend und auch der Begriff selbst kamen aus den USA zu uns. Dort entdeckte vor allem die Rohkost- und Veganszene Acai und Co. für sich zur optimalen Nährstoffversorgung. Auch wir können mit diesen Exoten unser Angebot an heimischen Superfoods ergänzen – besonders im Winter, wenn hier nur noch wenig wächst.

Ob als Smoothie, im Müsli, als Salat oder gedünstet, täglich Obst und Gemüse machen fit.

ENERGIE FÜR DIE ZELLEN

Mit ihren starken Mikronährstoffen pushen Superfoods unser Immunsystem und alle Körperfunktionen. Noch dazu sind sie perfekt bioverfügbar, der Körper kann sie also leicht aufnehmen und bestens verwerten. Superfoods können beim Abnehmen helfen, für schöne Haut und gute Laune sorgen, Kraft und Energie spenden, die Konzentration steigern, generell den Alterungsprozess aller Körperzellen verlangsamen – und, und, und. Wie sie das machen? Superfoods sind eine fantastische Quelle natürlicher Antioxidantien – und damit höchst wirksame Anti-Aging-Waffen.

FANTASTISCHE ANTIOXIDANTIEN

Ob in Obst, Gemüse oder Nüssen, in allen natürlichen Nahrungsmitteln stecken Wirkstoffe, die Zerstörungsprozesse im Körper verhindern können: die Antioxidantien. Zu den wichtigsten zählen die Vitamine C, E und A, Mineralstoffe wie Selen und Zink und viele sekundäre Pflanzenstoffe. Diese Stoffe können freie Radikale unschädlich machen. Das sind aggressive Sauerstoffteilchen, die in unserem Körper als Nebenprodukte des normalen Stoffwechsels entstehen, aber auch durch Rauchen, übermäßigen Verzehr industriell verarbeiteter Lebensmittel, Alkohol oder Umweltgifte. Zu viele freie Radikale im Körper können zu Krankheiten und vorzeitiger Zellalterung führen. Hier kommen die Antioxidantien ins Spiel: Sie neutralisieren freie Radikale. Deshalb nennt man sie übrigens auch Radikalfänger.

FARBENREGEL – GRÜN, ROT, ORANGE

Es färbt nicht nur Blätter grün, Chlorophyll kann noch viel mehr: Es wandelt Sonnenlicht in Kohlenhydrate um, die der Pflanze die nötige Wachstumsenergie spenden. Und auch wir Menschen profitieren von der sogenannten Photosynthese – denn ganz nebenbei entsteht dabei auch Sauerstoff. Im menschlichen Körper wirkt Chlorophyll blutreinigend und hat noch jede Menge mehr Gesundheitskräfte. Also viel Grünes essen, grünes Blattgemüse, Kräuter, Wildkräuter. Weil: Alle natürlichen Nahrungsmittel, die grün und chlorophyllhaltig sind, gehören automatisch zu den Superfoods. Eine ähnliche Faustregel gibt es bei Früchten und Beeren: je röter, desto besser. Granatapfel, Heidelbeeren, Acaibeeren, überhaupt alle dunkelroten bis fast schwarzen Beeren, erhalten ihre Farbe von den gleichen Pflanzenfarbstoffen, den Anthocyanen. Und das sind sekundäre Pflanzenstoffe, die sehr stark antioxidativ wirken. Nicht ganz so wirkungsvoll, aber immer noch voller Vitalkraft sind die Carotinoide – die verursachen bei Möhren und Co. die orangerote Farbe. Essen Sie also bei Gemüse und Obst einfach nach Farben: ganz viel Grün und Tiefrot und dazu noch ordentlich Orangerot. Und natürlich, alle Nahrungsmittel – auch Superfoods – sind immer am besten, wenn sie so frisch, unverarbeitet wie möglich und in Bioqualität sind.

DETOX LIGHT MIT SUPERFOODS

Mit den richtigen Superfoods können Sie auch prima zwischendurch eine Entschlackungswoche einlegen. Der Effekt: Der Stoffwechsel kommt wieder auf Touren, ein paar Pfunde schmelzen dahin, die Haut wird schöner und klarer und Sie fühlen sich sicher insgesamt viel wohler. Verabschieden Sie sich am besten schon vor Ihrer Detox-Woche für ein Weilchen von Alkohol, Zucker, Weizen, Kaffee, Fertigprodukten und Fleisch. Auch vom Rauchen. Leichter fällt das, wenn Sie eines nach dem anderen auf Eis legen: erst mal ein paar Tage keinen Alkohol, dann Kaffee durch Ingwer- oder Kräutertee ersetzen, nach und nach Fleisch reduzieren und so weiter. In welcher Reihenfolge Sie was weglassen, bleibt Ihnen überlassen. Außerdem ist beim Detoxen ein oft gehörter Rat ganz besonders wichtig: Trinken Sie zwei bis drei Liter am Tag – Wasser ohne Kohlensäure oder Kräutertees, nicht zu kalt, nicht zu heiß. Das schwemmt Überflüssiges aus dem Körper. Gleich morgens ein großes Glas warmes Wasser regt den Stoffwechsel an.

Mit einem Hochleistungsmixer lassen sich Nüsse, Obst und rohes Gemüse perfekt zerkleinern.

Täglich morgens einen Smotthie genießen mit viel grünem Blattgemüse und wenig Obst, das bringt Power.

GREEN SMOOTHIE A DAY …

Mixen Sie sich außerdem täglich einen grünen Smoothie – mit viel grünem Blattgemüse und möglichst wenig Obst (siehe S. 24). Der versorgt Sie mit wichtigen Nährstoffen und Enzymen und schafft ein basisches Milieu im Darm. Eine halbe Stunde vor und nach dem grünen Smootie nichts anderes essen oder trinken. Dann kann sich Ihre Verdauung in Ruhe mit dem Smoothie beschäftigen. Langsam trinken, jeden Schluck im Mund hin und her bewegen. So werden schon die Verdauungsenzyme im Speichel aktiv. Optimal wäre, den grünen Wundertrunk gleich morgens zu sich zu nehmen. Wer das nicht mag: Andere Tageszeiten sind auch okay, aber nicht abends, weil Chlorophyll und Co. ganz schön aufputschen können.

TOP DETOX-SUPERFOODS

Essen Sie Gemüse – so viel wie möglich, roh oder gedünstet, am besten frisches Biogemüse. Alles sparsam salzen. Eher wenig Obst verzehren, denn der darin enthaltene Fruchtzucker ist fürs Detoxen kontraproduktiv. Wenn Früchte, dann am besten rote Beeren. Knabbern Sie Nüsse und Kerne – ruhig bis zu 50 g täglich. In ihnen stecken eine Menge Detox-Mineralien. Und ganz wichtig: Eiweiß. Es hilft dem Darm beim Entgiften. Also leicht bekömmliches Eiweiß futtern, in Form von Joghurt, Ei, Fisch, Geflügel oder Käse. Veganer greifen am besten zu Hülsenfrüchten, Sprossen, Samen und Nüssen.

Die Mikroalge Chlorella bindet Schwermetalle und Gifte im Körper höchst wirkungsvoll. Ein- bis zweimal täglich einen Teelöffel von dem grünen Pulver in Wasser oder den Smoothie rühren. Auch Koriander und Knoblauch leiten Schädliches aus dem Körper. Die Bitterstoffe in Artischocken, Rucola oder Wildkräutern wie Löwenzahn und Giersch verwöhnen Leber und Galle. Gleiches gilt für Kurkuma und Rosmarin. Chili und Ingwer heizen dem Stoffwechsel gehörig ein. Chia- und Leinsamen oder Erdmandeln zum Beispiel im Müsli regen die Verdauung an und putzen den Darm kräftig durch.

SUPERFOODS FÜR JEDEN TAG

Aber auch ganz ohne Detox-Programm werten Superfoods Ihre Ernährung auf. Bauen Sie sie einfach in den Speiseplan ein. Geben Sie welche in Ihr Müsli oder den Smoothie. Verfeinern Sie Ihre Salatsauce mit Ingwer, Gojibeeren oder Moringapulver. Probieren Sie unsere Rezepte aus – und Sie werden erleben, was sich kulinarisch noch so alles anstellen lässt mit diesen Nährstoffpaketen. Klar, grünes Gemüse, Heidelbeeren oder Quinoa können Sie praktisch unbegrenzt essen – das sind die Basic-Superfoods – doch von einigen Superfoods reichen schon kleine Mengen aus. Macapulver und Gojibeeren zum Beispiel beeinflussen auch den Hormonhaushalt, davon genügen etwa ein bis zwei Teelöffel am Tag. Und: Essen Sie Superfoods so oft wie möglich roh. Denn dann haben sie noch ihre volle Vitalstoffpower.

DIE MAGISCHE 42

Ob Obst, Gemüse oder eben die meisten Superfoods – in der Rohkost-Küche wird nichts über 42° erhitzt. Bis zu dieser Temperatur bleiben Farbe und Geschmack der natürlichen Zutaten vollständig erhalten, vor allem aber die ganzen gesunden Inhaltsstoffe. Viele davon sind hitzeempfindlich, wie Vitamin C, wertvolle Enzyme oder der Grünfarbstoff Chlorophyll. Faustregel: Besonders vitamin-C-haltige Nahrung und grünes Blattgemüse möglichst oft roh essen. Dagegen halten die für die Farbe roter Früchte zuständigen Farbstoffe, die Anthocyane, Hitze ganz gut aus – also auch im frisch gekochten Heidelbeerkompott steckt noch viel Gesundheitskraft. Zum frischen, reifen Obst und Gemüse kommen in der Rohkost-Küche kalt gepresste Öle, Nüsse, Samen und viele Superfoods. Denn die meisten dieser naturbelassenen Powerfoods sind wie geschaffen für die Raw Cuisine. Der große Unterschied zwischen erhitzter und roher Nahrung zeigt sich zum Beispiel prima an Kakao: In seiner bekannten Form mit Milch, Zucker und über 42° erhitzt, ist er nur eine Süßigkeit. Die rohe Kakaobohne dagegen gilt als Superfood par excellence mit jeder Menge toller Vitalstoffe. Also Rohschokolade nie kochen. Für Rezepte, in denen sie stark erhitzt werden muss, lieber herkömmliche dunkle Schokolade verwenden.

TROCKNEN STATT KOCHEN

Wird also in der Rohkost-Küche alles völlig unverarbeitet gegessen? Nein. Das Zauberwort heißt Trocknen. Und zwar im Dörrautomaten, in dem Sie von Gemüse über Früchte bis hin zu Teigen alles über mehrere Stunden oder Tage bei genau 42° schonend dörren können. Und wer sich nicht gleich ein Dörrgerät anschaffen will? Der Backofen tut's zur Not auch. Die niedrigste Temperatur einstellen und die Backofentür einen Spalt geöffnet lassen, damit es nicht zu heiß wird. Und wenn Sie einfach lieber kochen und trotzdem in den Genuss aller Vitalstoffe hitzeempfindlicher Superfoods kommen möchten? Kein Problem, auch hierfür gibt es einen einfachen Trick: Fügen Sie diese Zutaten dem Gericht erst nach dem Kochvorgang zu. Das Prinzip ist bekannt von Petersilie und Co., die auch erst am Schluss ins Essen kommen.

ALLES ROH ODER WAS?

Roh hin oder her: Einige Nahrungsmittel müssen jedoch gekocht werden. Kartoffeln, Auberginen, bestimmte Pilzarten und Hülsenfrüchte sind roh ungenießbar. Manche gesunde Inhaltsstoffe werden zudem nur durch Erhitzen frei: Das orange Betacarotin aus Möhren und das dunkelrote Lycopin aus Tomaten zum Beispiel kann der Körper erst optimal verwerten, wenn das Gemüse zuvor kurz gekocht wird. Dann platzen die Zellwände auf und geben diese Pflanzenfarbstoffe frei.

Gemüse und Obst lassen sich im Dörrautomaten prima trocknen. Wie wäre es einmal mit bunten Wurzelchips?

UNSERE FAVORITEN

In diesem Buch stellen wir Ihnen die wichtigsten Superfoods vor, angefangen mit unseren drei Favoriten auf dieser Seite und einigen der besonders exotischen Zutaten der Superfoods-Küche auf der folgenden Doppelseite. Verteilt auf alle Kapitel, gibt es außerdem noch Beschreibungen zu anderen Superfoods. Am Ende des Buches finden Sie Superfoods und passende Austauschmöglichkeiten übersichtlich nach Nahrungsgruppen gegliedert. Die meisten der verwendeten Superfoods gibt es im Reformhaus, Bioladen oder im Internet.

CHIASAMEN

Die Samen verleihen Kraft, sättigen lange und versorgen uns gleichzeitig mit den wichtigsten Nährstoffen – vor allem mit ganz viel Protein, Kalzium, jeder Menge Eisen und richtig vielen Antioxidantien. Berühmt sind die Samen auch als sehr gute Quelle für Omega-3- und Omega-6-Fettsäuren. Außerdem machen sie satt. Chiasamen ähneln Leinsamen, sind aber viel länger haltbar – vier bis fünf Jahre. Sie haben kaum Eigengeschmack, sind also mit anderen Lebensmitteln perfekt zu kombinieren. Zum Beispiel mit Salaten oder Müsli. Am bekanntesten ist die Anwendung als Gel, denn die ballaststoffreichen Samen quellen in Wasser sehr stark auf. Für das Gel ein Drittel Tasse Chiasamen mit zwei Tassen Wasser oder ungesüßter Nussmilch verrühren, in ein verschließbares Gefäß geben und kalt stellen. Gekühlt hält sich die gelartige Masse etwa eine Woche. In dieser Form ersetzen Chiasamen zum Beispiel Puddingpulver.

GRANATAPFEL

Seine roten Früchte wachsen an einem Baum, der fünf bis acht Meter hoch und mehrere Hundert Jahre alt werden kann. Ein reifer Granatapfel hat eine glatte, rotgelbe oder tiefrote Schale. Gegessen werden nur die Granatapfelkerne, auch Saft daraus ist empfehlenswert: Er wird aus der ganzen Frucht gepresst und hat noch die volle Antioxidantien-Power. Den Saft können Sie pur trinken – frisch gepresst ist er unschlagbar – oder ihn mit Smoothies und anderen Säften mischen. Granatapfelkerne sind toll zum Knabbern, schmecken in Salaten und pikanten Reisgerichten, im Müsli oder als Deko auf Desserts und Kuchen. Saison haben die Granatäpfel von September bis Februar, dann kann man sie auch bei uns im Obstladen, auf dem Markt oder im Supermarkt kaufen.

GRÜNKOHL

Schon in einer Portion Grünkohl steckt der empfohlene Tagesbedarf an Vitamin C. Seine Bitterstoffe heizen den Fettstoffwechsel an, die Senföle wirken antibakteriell. Zudem ist Grünkohl sehr reich an Quercetin. Dieser sekundäre Pflanzenstoff wirkt extrem antioxidativ und macht den Kohl zur Anti-Aging-Wunderwaffe. Um die Immunwirkung von Kreuzblütlern wie Grünkohl, Brunnenkresse oder Brokkoli zu verstärken, den Kohl am besten pürieren, mixen oder hacken und nur knackig dünsten, nie ganz weich kochen. Roher Grünkohl passt in Smoothies und Säfte, wegen der scharfen Senföle nur die Blätter von höchstens ein bis zwei Stielen verwenden. Köstlich ist der rohe Kohl auch in Salaten, ein gesunder und leckerer Snack sind gedörrte Grünkohlchips. Ein Rezept finden sie auf Seite 92. Grünkohl ist ein Wintergemüse. Wählen Sie junge Exemplare mit kleinen Blättern, die schmecken milder. Grünkohl am besten feucht eingewickelt im Kühlschrank lagern und innerhalb von zwei Tagen verbrauchen.
Neben unseren drei Lieblingen gibt es natürlich noch viel mehr Superfoods, die Ihren Speiseplan ordentlich pimpen können. Ob exotische wie Acai- und Gojibeeren oder altbekannte aus der Heimat wie Heidelbeeren oder Leinsamen, in diesem Buch stellen wir die wichtigsten vor. Probieren Sie einfach unsere Rezepte und entdecken Sie dabei Ihre ganz persönlichen Superfoods.

GRANATAPFEL

Was den Granatapfel zum Superhelden macht, ist sein erstaunlich hoher Gehalt an Polyphenolen. Diese Pflanzenstoffe wirken antioxidativ: Sie stärken die körpereigenen Abwehrkräfte und verlangsamen den Alterungsprozess der Zellen. Außerdem steckt in der Frucht eine riesige Menge an lebenswichtigen Vitaminen und Mineralstoffen.

GRÜNKOHL

Grünkohl hat eine erstaunliche Karriere gemacht. Lange war er bei uns nur im Norden verbreitet, heute gibt's kein Trend-Lokal mehr ohne ihn. Ganz klar, Grünkohl ist zusammen mit der Brunnenkresse das Gemüse mit dem höchsten Nährstoffpotenzial.

CHIASAMEN

Die Samen einer mexikanischen Wüstenpflanze sind wahre Powerpakete. Zwei Esslöffel Chiasamen in kaltem Wasser eingeweicht, stärkten einen aztekischen Krieger einen ganzen Tag lang, heißt es.

DIE EXOTEN

Die Pflanzenwelt hält jede Menge Nahrungsmittel mit Superkräften bereit – überall auf der Welt. Manche wachsen bei uns im Wald und auf der Wiese, manche aber auch in Südamerika, Afrika oder Asien, hoch oben in den Bergen oder in tropischen Regenwäldern. Viele dieser Exoten erobern nun seit kurzem nach und nach unsere Speisepläne. Hier stellen wir Ihnen die wichtigsten Exoten vor.

1 KAKAOBOHNE

Der Superfood-Überflieger ist ein einzigartiges Paket bioaktiver Nährstoffe. Und: Kakao macht glücklich! Er enthält Stoffe, die körpereigene »Glückshormone« ausschütten, die Endorphine. Diese Wunderwirkungen gelten allerdings nur für rohen Kakao. Wird die Bohne über 42° erhitzt, sind die meisten Inhaltsstoffe zerstört. In Rohkostqualität gibt es ganze Kakaobohnen, Kakaonibs und aus den Bohnen fein gemahlenes Pulver. Nibs sind prima zum Knabbern oder für Smoothies, Desserts und rohen Kuchen geeignet.

2 LUCUMA

Die peruanische Superfrucht schmeckt etwas nach Karamell und Mango und steckt voller Vitamine, Ballaststoffe und Antioxidantien. Das Lucumapulver können Sie sehr gut als alternatives Süßungsmittel einsetzen.

3 MATCHA

Das hellgrüne Pulver wird aufwendig aus grünem Tee hergestellt. Es liefert beruhigende Aminosäuren, die das ebenfalls enthaltene Koffein verträglich machen. Zudem sorgt Matcha für Konzentration und Energie. Sie können das grasig-herbe Pulver als Tee mit heißem Wasser schaumig aufschlagen oder wie ein Gewürz für Smoothies, Desserts oder Eis verwenden. Matchapulver harmoniert besonders gut mit Orange und Schokolade.

4 MORINGA OLIFEIRA

Der Baum gilt als eine der nährstoffreichsten Pflanzen und wird deshalb auch »Wunderbaum« genannt. Vor allem seine Blätter sind eine fantastische pflanzliche Eiweißquelle und schützen mit allein 46 Antioxidantien das Immunsystem. Getrocknete Blätter eignen sich für Tee. Das leicht scharfe, an Meerrettich erinnernde Blattpulver verfeinert Suppen, Salate, Pestos, Säfte und Smoothies. Auf eine Suppe für vier Personen etwa ein bis zwei Esslöffel Pulver geben, für Salat, Pesto oder Smoothie genügt ein Teelöffel.

6 CAROB
Die Früchte des Johannisbrotbaums schmecken malzig und süß – ein bisschen wie Kakao, sind aber viel fettärmer. Das ballast- und nährstoffreiche Carobpulver kann Kakaopulver prima ersetzen, Cremes und Saucen binden und gleichzeitig die Fettverbrennung ankurbeln. Carob ist zudem frei von anregenden Stoffen wie Koffein.

7 MESQUITE
Die Hülsenfruchtpflanze ist reich an Kalzium, Magnesium, Kalium, Eisen und Zink. Die getrockneten Bohnen werden zu Pulver vermahlen. Das schmeckt karamellig-süß und eignet sich gut für Kuchen, Desserts oder Eis.

5 MACA
Die Superwurzel wächst, wo sonst nichts mehr gedeiht – in den Anden auf 4000 Meter Höhe. Sie soll körperliche Ausdauer, Energie und Libido steigern. Maca hilft beim Muskelaufbau, lässt einen besser schlafen und denken. Dafür verantwortlich: ein spezieller Mix aus Mineralstoffen, Vitaminen – vor allem B-Vitamine, Aminosäuren, Antioxidantien. Maca wirkt adaptogen, also ausgleichend auf alle Funktionen im Organismus. Bei uns gibt's die tolle Knolle als Pulver. Weil Maca stark wirkt, maßvoll dosieren – fangen Sie mit einem halben Teelöffel am Tag an und steigern Sie sich zu einem ganzen Teelöffel. Manche Menschen spüren anfangs Nebenwirkungen wie Blähungen. Dann die Dosis herabsetzen. Der positive Effekt von Maca tritt nach etwa zehn Tagen ein. Der leicht süße Geschmack des Pulvers harmoniert perfekt mit Kokosnuss, Kakao oder Vanille. Maca ergänzt Müslis, Smoothies oder Desserts. Gemischt mit Mehl, passt es sogar in Kuchenteig.

DIE REZEPTE

Ob Chiasamen, Kakao, Sprossen oder Granatapfel – Superfoods passen in fast alle Gerichte, werten sie in puncto Nährstoffen enorm auf und verpassen ihnen eine tolle Geschmacksvielfalt. Es macht Spaß und ist gar nicht schwer, mit Superfoods zu kochen. Mit unseren vorwiegend veganen Rezepten können Sie das nach Herzenslust ausprobieren. Legen Sie einfach mal los.

FRÜHSTÜCK

Tanken Sie schon morgens jede Menge Vitalstoffe, dann fängt der Tag gut an. Gerade fürs Frühstück eignen sich viele Superfoods perfekt. Ob warm oder kalt, süß oder herzhaft, flüssig oder fest – mit Smoothies, Müslis, selbst gebackenem Brot, Konfitüren, pikanten Aufstrichen oder leckeren Sandwiches ist garantiert für jeden Geschmack etwas dabei.

DIE SUPERBEEREN

Beeren sind Alleskönner – top im Geschmack, gut für die Gesundheit. Ihre Geheimwaffe sind die roten Farbstoffe, die große Zellschützer sind. Als Faustregel gilt: Je dunkler die Beere, desto mehr Wirkung. Bei orangefarbigen Beeren übernehmen auch Carotinoide den Anti-Aging-Part. Dazu kommen bei allen Beeren jede Menge weiterer Antioxidantien – vor allem Vitamin C.

1 MAULBEERE

Botanisch ist sie gar keine Beere, sondern eine Baumfrucht. Die Früchte ähneln optisch und geschmacklich den Brombeeren, sind aber größer und punkten mit noch mehr wertvollen Inhaltsstoffen. Maulbeeren passen zu Süßem und Pikantem. Frische Beeren sind eher selten zu bekommen, getrocknete sind eine gute Alternative.

2 CRANBERRY UND PREISELBEERE

Die Cranberry kommt aus Kanada und ist die große Schwester unserer Preiselbeere. Beide Sorten sind bekannt für ihre antibakterielle Wirkung und als süßsäuerlicher Begleiter zu Fleischgerichten wie Wild oder den Thanks-Giving-Truthahn. Getrocknet oder gekocht verlieren die roten Beeren ihre Bitterkeit und werden schön aromatisch. So schmecken sie auch in Salaten, Gemüse und Reis, Chutneys, Cocktails und in Süßspeisen.

3 ACAIBEERE

Die dunkelblauen Früchtchen einer Amazonas-Palme gelten als Jungbrunnen. Bei uns gibt es die Beeren als Pulver, Saft oder gefrorenes Fruchtpüree. Der etwas herbe, leicht an Schokolade erinnernde Geschmack der Beeren passt gut zu süßem Obst und Desserts, ins Müsli und in Smoothies.

4 ARONIABEERE

Die heimische, schwarzblaue Beere ist ebenfalls Top-Lieferant von gesunden roten Farbstoffen. Roh schmecken die Früchte der schwarzen Eberesche sauer und bitter, weil sie viele Gerbstoffe enthalten. Deshalb gibt es im Handel getrocknete Beeren, Saft, Sirup oder Konfitüre.

5 HEIDELBEEREN

Sie sind köstlich und prallvoll mit Antioxidantien. Wilde Blau- oder Heidelbeeren können Sie bei uns im Sommer in den Wäldern sammeln, sie sind viel kleiner, dunkler und aromatischer als kultivierte Beeren. Heidelbeeren schmecken in Frühstücksbrei, Smoothie und Dessert, als Beilage zu Pfannkuchen und als Zutat in Muffins oder Salaten.

6 PHYSALIS

Die säuerlichsüße Kapstachelbeere oder Physalis ist eine beeindruckende Quelle für Carotinoide, die unser Körper in Vitamin A umwandelt. Vor dem Weiterverarbeiten der Beeren die Umhüllung entfernen und ihre klebrige Schicht mit Wasser abspülen. Sie sind toll in Desserts und fruchtigen Cocktails, harmonieren aber auch mit pikanten Salaten oder Chutneys.

7 BROM- UND HIMBEEREN

Die zarten Früchte möglichst nicht waschen und rasch verbrauchen. Am besten schmecken sie frisch – einfach so, oder in Desserts, Salaten, auf Gebäck und in Konfitüren.

8 SANDDORN

Die »Zitrone des Nordens« belegt unter den heimischen Gewächsen einen Spitzenplatz in puncto Vitamin-C-Gehalt. Deshalb sind die orangen Beeren auch ganz schön sauer. Zusammen mit milden Früchten wie Aprikose macht sich ihr intensiver Geschmack sehr gut in Fruchtaufstrichen.

9 GOJIBEERE

In Tibet nennt man sie auch Glücksbeere, bei uns Wolfsbeere. Ihr Geheimnis: eine Gruppe bestimmter Zuckerketten und Aminosäuren, die in keiner anderen Pflanze vorkommen. Sie pushen das Immunsystem und wirken gegen oxidativen Stress. Zudem helfen Gojibeeren dem Körper, sich an körperliche oder psychische Belastungen anzupassen. Gojis gibt's als Saft oder getrocknet. Die leicht süßen Früchtchen sind prima zum Knabbern, in Müslis und Smoothies. In Wasser eingeweicht, bekommen sie eine rosinenartige Konsistenz und können wie Rosinen eingesetzt werden:
in Salat, Suppen und Desserts, in Couscous-, Quinoa- oder Reisgerichten. Als Tagesration genügt etwa ein Esslöffel getrockneter Beeren.

TO GO

GRÜNE UND BUNTE SMOOTHIES

Smoothies eignen sich gut zum Mitnehmen! Einfach morgens frisch zubereiten und in eine Glasflasche mit Schraubverschluss füllen. Wenn Sie den Smoothie im Büro in den Kühlschrank stellen, ist das perfekt. Doch zur Not hält sich das Powergetränk einen knappen Tag auch ohne Kühlung. Mit den Zutaten können Sie wunderbar spielen. Keine Ananas im Haus? Ein Apfel tut's auch. Kein Grünkohlblatt da? Einfach ein anderes grünes Blattgemüse nehmen.

(1)

1 GREEN HERO

Für 2 Personen: 100 g Spinat und 1 Blatt Grünkohl waschen. 150 g Ananas schälen und in Stücke schneiden. Spinat, Grünkohl, Ananas und 200 ml Wasser in einen Mixer geben und fein pürieren – am besten in einem Hochleistungsmixer. Eventuell noch Wasser dazugeben, wenn der Smoothie zu dickflüssig ist.

2 ORANGE BEAUTY

Für 2 Personen: 200 g Physalis von den Hüllen befreien und waschen. ½ Banane schälen. Die Physalis, die Bananenhälfte, 1 EL getrocknete Gojibeeren und ca. 250 ml Kokoswasser (Tetrapak) in einem Mixer fein pürieren, den Smoothie in zwei Gläser gießen und servieren. Oder in eine Flasche füllen und diese fest verschließen.

3 RED STAR

Für 2 Personen: 1 mittelgroße Rote Bete und 2 kleine Möhren putzen und schälen. 2 kleine Orangen und 1 Stück frischen Ingwer (1 – 2 cm) schälen. Rote Bete und Möhren, Orangen und Ingwer in Stücke schneiden und mit dem Saft von ½ Zitrone und ca. 200 ml Wasser in einem Hochleistungsmixer fein pürieren. Den Smoothie in zwei Gläser gießen und servieren. Oder in eine Flasche füllen und diese fest verschließen.

BEEREN-SHAKE MIT KAKAONIBS

Zutaten für 2 Personen:
200 g dunkle Beeren
(z. B. Heidelbeeren, Brombeeren; frisch oder TK)
2 EL Kakaonibs
1 TL Zimtpulver
300 ml ungesüßte Mandelmilch
2 EL Mandelmus
Agaven- oder Kokosblütensirup

~

5 Min. Zubereitung
Pro Portion: ca. 395 kcal, 7 g EW, 27 g F, 30 g KH

~

1 Die frischen Beeren, nur wenn nötig, vorsichtig abbrausen und auf Küchepapier abtropfen lassen, tiefgekühlte Beeren in einer Schüssel leicht antauen lassen.

2 Die Beeren mit Kakaonibs, Zimtpulver, Mandelmilch, Mandelmus und Agaven- oder Kokosblütensirup nach Geschmack in einen Hochleistungsmixer geben und mindestens 1 Min. mixen – bis die Kakaonibs fein püriert sind. Den Shake bei Bedarf mit wenig Agavensirup nachsüßen. Den Drink in zwei Gläser füllen und servieren.

Tipp

Wenn Sie keinen Hochleistungsmixer haben, verwenden Sie einen normalen. Dann statt Kakaonibs 2–3 EL rohes Kakaopulver nehmen.

KRAFTPROTZ

Macapulver ist voll Mineralstoffe, Vitamine und Aminosäuren – ideal zum Anreichern eines Powerdrinks wie diesem.

Zutaten für 2 Personen:
1 Banane
1 Zitrone
2 EL Hanfsamen
2 TL Macapulver
400 ml ungesüßte Nussmilch
~
5 Min. Zubereitung
Pro Portion: ca. 220 kcal, 5 g EW, 8 g F, 30 g KH
~

1 Die Banane schälen und in grobe Stücke teilen. Dann den Saft der Zitrone auspressen.

2 Die Bananenstücke, den Zitronensaft, die Hanfsamen, das Macapulver und die Nussmilch in einen Hochleistungsmixer geben und alle Zutaten etwa 1 Min. fein pürieren. Den Drink in zwei Gläser füllen und sofort servieren. Wichtig: Wenn der Shake länger steht, verfärbt er sich leicht braun.

FRISCHE FRÜCHTE MIT SUPERCRUNCH

Zutaten für 2 Personen:
2 Pfirsiche (oder 6 Aprikosen oder 1 kleine Mango)
300 g Wassermelone
125 g Brombeeren (oder andere dunkle Beeren)
3 EL Sanddornsaft
1 – 2 TL Kokosblütenzucker
100 g Sojajoghurt (oder Nussmilch)
1 Prise Zimtpulver
2 Stängel Zitronenmelisse
3 – 4 EL Granola (Bioladen oder siehe S. 36)

~

15 Min. Zubereitung
Pro Portion: ca. 265 kcal, 7 g EW, 4 g F, 48 g KH

~

1 Pfirsiche waschen, halbieren, entsteinen und in Würfel schneiden. Melone schälen, die Kerne mit einem spitzen Messer entfernen und das Fruchtfleisch groß würfeln. Die Brombeeren, nur wenn nötig, ebenfalls waschen und kurz abtropfen lassen. 2 EL Brombeeren mit Sanddornsaft, Kokosblütenzucker und Sojajoghurt mit einem Pürierstab pürieren und mit Zimtpulver würzen.

2 Den Sojajoghurt-Mix auf zwei Schalen verteilen. Die Früchte ebenfalls in die Schalen geben. Die Zitronenmelisse waschen und trocken schütteln, die Blätter abzupfen und über die Früchte streuen. Granola über die Früchte streuen und den Fruchtsalat sofort servieren, damit das Granola knusprig bleibt.

Tipp

Die besten Früchte, mit den meisten Mikronährstoffen und natürlich auch mit wunderbarem Aroma sind immer die Früchte, die gerade Saison haben und in der Nähe reifen. Im Winter kann diese Nähe schon ganz schön weit weg sein, da muss man Kompromisse eingehen. Variieren Sie also die Fruchtsorten für den Frühstücksfruchtsalat. Gut ist immer ein Anteil an dunklen Beeren – frisch oder tiefgekühlt – mit ihrer Super-Antioxidantien-Power.

KOKOSJOGHURT MIT BEEREN UND KOKOSCHIPS

Zutaten für 2 Personen:
300 g gemischte Beeren (frisch oder TK)
1 – 2 EL Kokosblütenzucker
30 g Kokosmilchpulver (oder 4 EL Kokosmilch aus der Dose)
200 g Sojajoghurt (oder Joghurt)
2 – 3 EL Kokoschips
1 EL Pistazienkerne

~

10 Min. Zubereitung
Pro Portion ca. 445 kcal, 10 g EW, 28 g F, 38 g KH

~

1 Die Beeren, wenn nötig waschen, verlesen und abtropfen lassen. TK-Beeren auftauen lassen. Ein Drittel der Beeren mit 1 – 2 TL Kokosblütenzucker pürieren, das Püree durch ein Sieb streichen. Die übrigen Beeren unter das Püree rühren.

2 Kokosmilchpulver mit 2 EL warmem Wasser anrühren. Mit Sojajoghurt und übrigem Kokosblütenzucker verrühren. Kokoschips und Pistazien unter Rühren rösten. Beeren und Kokosjoghurt in hohe Gläser schichten, mit Kokoschips und Pistazienkernen bestreuen.

Tipp

Kokosmilchpulver ist praktisch für kleine Mengen Kokosmilch – geschmacklich sind beide ziemlich gleich.

SCHARFER AVOCADO-CHILI-JOGHURT

Zutaten für 2 Personen:
10 Kirschtomaten
½ Gurke
1 reife Avocado
200 g Sojajoghurt, Salz
1 Prise Chilipulver
¼ Bund Koriandergrün
3 EL Sprossenmix (Bioladen)
1 EL Olivenöl
~
10 Min. Zubereitung
Pro Portion: ca. 420 kcal,
11 g EW, 35 g F, 14 g KH
~

1 Die Kirschtomaten waschen und halbieren. Die Gurke schälen, längs vierteln und entkernen. Die Gurkenviertel mit einem Messer quer in Scheiben schneiden.

2 Avocado halbieren und den Stein entfernen. Das Fruchtfleisch mit einem Löffel herauslösen. Die Hälfte davon mit dem Joghurt pürieren. Avocadojoghurt mit Salz und Chilipulver würzen.

3 Das Koriandergrün waschen und trocken schütteln, die Blätter abzupfen. Den Sprossenmix mit kaltem Wasser abbrausen und abtropfen lassen. Tomaten, Gurke und die übrige Avocado mit dem Avocadojoghurt in zwei Schalen geben, mit dem Koriandergrün und dem Sprossenmix bestreuen und mit dem Olivenöl beträufeln.

WARMES HIRSEFRÜHSTÜCK
MIT GRANATAPFEL

ALL-DAY-POWER-MÜSLI

NUSS-FLOCKEN-MÜSLI

WARMES HIRSEFRÜHSTÜCK MIT GRANATAPFEL

Zutaten für 2 Personen:
175 g Hirse
300 ml Nussmilch
1 Zimtstange
½ Granatapfel
12 Physalis (ca. 75 g)
1 Banane (oder eine andere eher weiche Frucht wie Mango oder Pfirsich)
3 EL gepoppter Amarant
2 TL Kokosblütenzucker

~

20 Min. Zubereitung
Pro Portion: ca. 555 kcal, 13 g EW, 9 g F, 106 g KH

~

1 Hirse in einem Sieb kurz kalt abbrausen. In einem kleinen Topf mit 300 ml Wasser und 150 ml Nussmilch aufkochen. Zimtstange dazugeben und zugedeckt bei kleiner Hitze ca. 20 Min. kochen lassen. Übrige Nussmilch dazugeben, aufkochen und die Hirse zugedeckt weitere 5 Min. ausquellen lassen.

2 Inzwischen den Granatapfel entkernen, dafür die Granatapfelhälfte mit der Schnittfläche nach unten in die linke Hand nehmen, über eine Schüssel halten, mit einem Kochlöffel in der rechten Hand (für Linkshänder umgekehrt) auf die Granatapfelschale klopfen. Erst mit der Breitseite, um die Kerne zu lockern, dann mit der Schmalseite, um sie aus der Schale zu lösen. Die Kerne fallen dann einfach heraus. Vorsicht: Es kann spritzen!

3 Die Physalis aus den Hüllen lösen, waschen und halbieren. Die Banane schälen und in Scheiben schneiden. Den Amarant mit dem Kokosblütenzucker mischen. Die Hirse anrichten, die Früchte und die Amarantmischung daraufgeben.

Tipp

Mandelmilch gibt es gesüßt und ungesüßt, hier eignet sich beides. Sie können Mandel- oder jede andere Nussmilch selber machen. Dafür 200 g ungeschälte Mandeln über Nacht einweichen. Mandeln eventuell enthäuten. Wer ungehäutete Mandeln nimmt, streicht die fertige Nussmilch durch ein Passiertuch oder einen Nussmilchbeutel (Bioladen). Mandeln mit der fünffachen Menge Wasser im Mixer fein pürieren. Nach Wunsch leicht süßen. In selbst gemachter Nussmilch ist der Nussanteil höher als in gekaufter, es sind keine Zusatzstoffe drin und der Geschmack ist frischer und voller.

ALL-DAY-POWER-MÜSLI

Zutaten für 2 Personen:
200 g Heidelbeeren (frisch oder TK), 4 EL Chiasamen
6 EL grobe Haferflocken
2 EL Sonnenblumenkerne
200 ml Mandelmilch
2 EL Kakaonibs
1 TL Macapulver, Honig

~

35 Min. Zubereitung
über Nacht Auftauen
Pro Portion: ca. 470 kcal,
14 g EW, 27 g F, 37 g KH

~

1 Die TK-Beeren über Nacht auftauen lassen. Die Chiasamen, Haferflocken und Sonnenblumenkerne in eine Müslischale geben, 100 ml kaltes Wasser und die Nussmilch dazugeben und mindestens 30 Min. einweichen.

2 Inzwischen die Kakaonibs im Blender oder in einer kleinen Kaffeemühle mahlen und mit dem Macapulver unter den eingeweichten Flockenmix mischen. Eventuell noch etwas Wasser oder Nussmilch dazugeben, wenn der Brei zu fest ist.

3 Die Beeren zum Müsli geben und vorsichtig untermischen. Das Power-Müsli nach Geschmack mit etwas Honig süßen.

NUSS-FLOCKEN-MÜSLI

Zutaten für 4 Personen:
2 EL Leinsamen
2 EL getrocknete Gojibeeren
100 g gemischte Nüsse (z. B. Walnuss-, Haselnusskerne, Mandeln)
200 g Haferflocken, Salz
300 ml Nussmilch
1 EL Honig (nach Belieben)
2 EL getrocknete Physalis
2 Birnen

~

15 Min. Zubereitung
Pro Portion: ca. 440 kcal,
14 g EW, 21 g F, 44 g KH

~

1 Für die Gojibrösel Leinsamen und Gojibeeren in einem Blitzhacker mahlen, herausnehmen und beiseitestellen. Die Nüsse ebenfalls im Blitzhacker kurz grob hacken – sie dürfen noch fast ganz und nur ein klein wenig zerkrümelt sein.

2 Nüsse und Haferflocken in einer Pfanne ohne Fett bei großer Hitze unter Rühren in ca. 5 Min. hellbraun rösten. Die Mischung leicht salzen, die Nussmilch dazugießen, nach Belieben den Honig und getrocknete Physalis unterrühren, alles einmal aufkochen, dann die Pfanne vom Herd nehmen. Das Müsli in Schalen anrichten.

3 Die Birnen waschen, vierteln, entkernen und die Viertel in Scheibchen schneiden. Die Birnenscheibchen auf dem Nuss-Flocken-Müsli verteilen und mit den Gojibröseln bestreuen.

Out of the Pantry

GRANOLA UND MÜSLIRIEGEL

Ein oder zwei Löffel Granola sind ein prima Gewürz für Müsli, Flocken oder Früchte. Unsere leckere Knuspermischung ist ideal für einen guten Start in den Tag. Bereiten Sie einfach eine größere Menge zu, dann alles schön klumpig bröseln und in einem Glas mit Schraubdeckel luftdicht aufbewahren. So hält sich das Granola gut zwei Wochen. Mit etwas mehr Zucker und Honig lassen sich aus dem gleichen Mix die allerbesten Müsliriegel zaubern.

1

1 GRANOLA-SUPERKNUSPER

Für ca. 750 g Granola: 150 g Super-Trockenfrüchte (z. B. Heidelbeeren, Cranberrys, Physalis, Maulbeeren) grob hacken. 75 g Rohrohrzucker, 75 g Honig, 1 TL Lebkuchengewürz (oder Zimtpulver) und 50 g Kokosöl mit 2 EL Wasser aufkochen. 50 g Walnusskerne grob hacken. Mit 200 g Haferflocken, 50 g Leinsamen, Sesamsamen oder Sonnenblumenkernen in einer Pfanne ohne Fett unter Rühren in 10 Min. hellbraun rösten, bis es angenehm duftet. 50 g geschälte Hanfsamen und 50 g gepoppten Amarant ohne Zucker dazugeben und in 2 Min. heiß werden lassen. Trockenfrüchte hinzufügen. Honigmischung mit den gerösteten und heißen Zutaten in einer Schüssel mischen. Festdrücken, sodass sich kleine Klumpen bilden, und abkühlen lassen. Etwas zerbröseln und über Müsli oder Früchte streuen – oder einfach pur knabbern.

2 MÜSLIRIEGEL

Für 40 Stück: 150 g Rohrohrzucker mit 2 TL Lebkuchengewürz, 150 g Honig, 100 g Kokosöl und 2 EL Wasser aufkochen. 50 g Walnusskerne grob hacken. Mit 200 g Haferflocken, 50 g Leinsamen, Sesamsamen oder Sonnenblumenkernen in einer Pfanne ohne Fett unter Rühren ca. 10 Min. rösten. Je 50 g geschälte Hanfsamen und gepoppter Amarant ohne Zucker dazugeben und in ca. 2 Min. heiß werden lassen. 150 g Trockenfrüchte (z. B. Heidelbeeren, Cranberrys, Physalis, Maulbeeren) grob hacken und zugeben. Honigmischung mit gerösteten Zutaten vermengen und in eine mit Backpapier ausgelegte Auflaufform geben, Backpapier darauflegen. Mit einem passenden Brettchen auf die Mischung drücken. Die lauwarme Masse auf einem Brett in ca. 40 Riegel schneiden.

MILCHBRÖTCHEN MIT GOJIBEEREN

Für frische Sonntagsbrötchen den Teig nach dem ersten Ruhen kneten und zugedeckt über Nacht in den Kühlschrank stellen. Morgens eine bis zwei Stunden gehen lassen, formen, backen – und fertig sind die Brötchen fürs gemütliche Frühstück.

Zutaten für 16 Stück:
3 EL getrocknete Gojibeeren
30 g Chiasamen (oder Chiamehl)
500 g Vollkorn-Dinkelmehl
1 Päckchen Trockenhefe
1 TL Salz
300 ml zimmerwarme Reismilch (oder Nussmilch)
50 g weiche Pflanzenmargarine (oder Butter)

~

20 Min. Zubereitung
30 Min. Einweichen
3 Std. Ruhen
18 Min. Backen
Pro Stück: ca. 150 kcal, 5 g EW, 4 g F, 23 g KH

~

1 Gojibeeren in 50 ml kaltem Wasser mindestens 30 Min. einweichen. Chiasamen in einem Blitzhacker mahlen. Mit Mehl, Trockenhefe und Salz in einer Schüssel mischen. Gojibeeren abgießen, dabei das Wasser auffangen und zum Mehl geben. 275 ml Reismilch ebenfalls dazugeben und alles mit den Knethaken in einer Küchenmaschine oder mit einem Kochlöffel zu einem Teig verarbeiten. Den Teig in einer Küchenmaschine oder mit der Hand ca. 10 Min. kräftig kneten, bis er nicht mehr klebt. Die Gojibeeren unterkneten. Den Teig in eine Schüssel legen und die Schüssel mit einem feuchten Tuch abdecken, ohne dass es den Teig berührt. Eine Plastiktüte auf das Tuch legen, damit es während der Ruhezeit nicht austrocknet. Den Teig bei Zimmertemperatur ca. 2 Std. gehen lassen.

2 Dann den Hefeteig noch einmal durchkneten und abgedeckt an einem warmen Ort 1 weitere Std. gehen lassen.

3 Den Backofen auf 220° (Umluft 200°) vorheizen. Ein Backblech mit Backpapier auslegen. Den Teig in 16 Stücke teilen, diese jeweils zu runden Brötchen formen und auf das Blech setzen. Die Oberseiten mit der übrigen Reismilch bestreichen und 1- bis 2-mal quer einschneiden. Die Brötchen einige Min. ruhen lassen, dann im Ofen (Mitte) in 16 – 18 Min. goldbraun backen. Die Brötchen kurz vor dem Backzeitende noch einmal mit Reismilch bestreichen.

CHIASAMEN-ROGGEN-FLADEN

Chiasamen binden reichlich Wasser – das ist gut fürs Müsli und Dessert. Es macht auch selbst gebackenes Brot schön saftig. Der Teig bleibt trotzdem fest genug zum Formen und das fertige Brot enthält noch genug Feuchtigkeit.

Zutaten für 4 kleine Fladen:
500 g Roggenmehl (Type 1050)
10 g frische Hefe (¼ Würfel)
2 TL Salz
50 g Chiasamen
4 EL Olivenöl
4 Prisen Kreuzkümmelsamen
4 Prisen Salzflocken
Roggenmehl zum Arbeiten

~

20 Min. Zubereitung
5 Std. 30 Min. Ruhen
15 Min. Backen pro Blech
Pro Stück: ca. 570 kcal, 18 g EW, 16 g F, 86 g KH

~

Tipp
Für mehr Aroma und gesunde Fettsäuren sorgen 2 – 3 EL gehackte Walnüsse im Vorteig.

1 Für den Vorteig 250 g Roggenmehl mit 250 ml lauwarmem Wasser und der Hefe in einer Schüssel zu einem cremigen Teig verrühren. Abgedeckt an einem warmen Ort ca. 30 Min. gehen lassen.

2 Salz in 50 ml lauwarmem Wasser auflösen und beiseitestellen. Das übrige Mehl und 125 ml lauwarmes Wasser zum Vorteig geben und alles ca. 10 Min. mit der Hand oder mit den Knethaken des Handrührgeräts auf kleiner Stufe kneten. Die Chiasamen und das Salzwasser dazugeben und weiterkneten, bis sich alles schön verbunden hat. Den Teig abgedeckt an einem warmen Ort ca. 3 Std. gehen lassen, bis sich das Volumen verdoppelt hat.

3 Den Teig auf einer bemehlten Arbeitsfläche in 4 Stücke teilen, länglich formen, auf Backpapier legen und etwas flach drücken. Teigstücke mit wenig Mehl bestäuben, mit einem Tuch abdecken und 1 – 2 Std. gehen lassen, bis sich das Volumen verdoppelt hat.

4 Je ein Blech auf der zweituntersten Schiene und auf dem Ofenboden auf 250° Umluft vorheizen. 2 Fladenbrote jeweils mit Backpapier auf das obere Blech heben. Mit den Fingern ein paar Mulden in das Brot drücken, mit Olivenöl beträufeln, mit Kreuzkümmel und Salzflocken bestreuen. Etwa 100 ml Wasser auf das untere Blech gießen, den Ofen schnell schließen, die Brote in ca. 15 Min. backen. Danach die anderen beiden Brote genauso backen.

Out of the Pantry

SÜSSE BROTAUFSTRICHE

Verschiedene Hersteller bieten Gelierzucker für kalt gerührte Fruchtaufstriche an. Die bio-vegane Variante ist mit Rohrohrzucker und geriebener Zitronenschale, die konventionelle mit Raffinadezucker und Zitronensäure – vor allem aber arbeiten die Hersteller mit unterschiedlichen Zuckermengen von 115 g bis 185 g für 250 g Früchte. Fruchtaufstriche sind nicht so fest wie gekochte Marmeladen, schmecken aber sehr gut und halten sich im Kühlschrank zwei Wochen.

2 BLAUBEERKONFITÜRE
Für 700 g Aufstrich: 300 g Heidelbeeren (oder TK Acaibeeren-Püree) waschen, verlesen und abtropfen lassen. 1 Zweig Thymian waschen, trocken schütteln und die Blättchen abstreifen. 250 g Orangen samt weißer Haut schälen und das Fruchtfleisch in Stücke schneiden, die Kerne entfernen. Mit Beeren, Thymian und 2 Packungen Gelierzucker ohne Kochen für 250 g Früchte im Mixer auf höchster Stufe 1 Min. mixen. Den Aufstrich mindestens 2 Std. in den Kühlschrank stellen.

1 GRANATAPFELAUFSTRICH
Für 350 g Aufstrich: 150 g Aprikosen waschen, halbieren und entsteinen. Das Fruchtfleisch (125 g) mit 100 ml Granatapfelsaft (siehe Tipp) und 1 Packung Gelierzucker ohne Kochen für 250 g Früchte im Mixer oder mit dem Pürierstab auf höchster Stufe 1 Min. mixen. Den Aufstrich mindestens 2 Std. kalt stellen.
Tipp: Guten Granatapfelsaft gibt es im Bioladen – aber wie für jede Art von Gelee ist auch für diesen Aufstrich ein frisch gepresster Saft am besten. Ein Granatapfel ergibt 100 – 150 ml Saft. Das Auspressen klappt super mit einer Handhebelpresse für Zitrusfrüchte aus dem Fachhandel.

3

3 ROHE SCHOKO-NUSS-CREME
Für 500 g Aufstrich: 125 g gehäutete und geröstete Haselnusskerne (Bioladen) in kaltem Wasser 12 Std. einweichen. In ein Sieb abgießen, kalt abbrausen und abtropfen lassen. Mit knapp 275 ml Wasser und 3 EL Haselnussöl (oder neutralem Öl) in einem Blender sehr fein pürieren. 40 g Rohschokolade oder rohe Kuvertüre in einer kleinen Metallschüssel über einem heißen Wasserbad schmelzen lassen, dabei die Schokolade nicht über 40° heiß werden lassen (sie schmilzt bei 30°). 50 g Soft-Trockenpflaumen grob zerkleinern, mit Schokolade und 50 g Carobpulver zum Nussmus geben und untermixen.

SANDWICH MIT AVOCADO UND MINZE

Zutaten für 4 Stück:
3 EL geschälte Sesamsamen
½ Aubergine
Salz oder Rauchsalz (siehe Tipp)
1 Handvoll Babyspinat (oder Babymangold oder Feldsalat)
2 reife Avocados
1 Stängel Minze
2 Chiasamen-Roggen-Fladen (siehe S. 40, oder 8 Scheiben Roggenbrot)
1 EL Olivenöl
1 TL Limettensaft
1 – 2 TL Chilisauce
4 EL Granatapfelkerne (gibt es fertig ausgebrochen, oder aus ¼ Granatapfel lösen)

~

30 Min. Zubereitung
Pro Stück: ca. 465 kcal, 8 g EW, 34 g F, 32 g KH

~

1 Sesamsamen in einer Pfanne ohne Fett unter Rühren hellbraun rösten. Herausnehmen und etwas abkühlen lassen. Inzwischen die Aubergine in ca. 1 cm dicke Scheiben schneiden und in einer Pfanne ohne Fett ca. 8 Min. rösten, die Scheiben zwischendurch wenden. Aubergine herausnehmen. Sesamsamen mit 1 kräftigen Prise Salz oder Rauchsalz im Mörser grob zerreiben.

2 Babyspinat waschen, verlesen und dicke Stiele entfernen. Den Spinat trocken schleudern. Avocados halbieren und den Kern entfernen. Das Fruchtfleisch herauslösen und mit einer Gabel grob zerdrücken. Minze waschen und trocken schütteln, die Blätter abzupfen und hacken. Avocados salzen und die Minze untermischen.

3 Roggenfladen halbieren und toasten oder unter dem Ofengrill kurz rösten. Die Hälften mit Avocadocreme bestreichen, mit Auberginenscheiben belegen und mit Sesamsamen bestreuen. Spinat mit Öl und Limettensaft mischen, auf den Fladenhälften verteilen. Mit Chilisauce beträufeln, mit Granatapfelkernen und etwas Salz oder Rauchsalz bestreuen. Zusammenklappen und warm servieren.

Tipp

Ein gutes Rauchsalz braucht nur Rauch und Salz. Am besten selber machen, wenn der Holzkohlengrill noch glüht. Einige Stunden zuvor 1 Handvoll Räucherchips, 2 EL Wacholderbeeren und 4 Lorbeerblätter in kaltem Wasser einweichen. Eine flache Metallschale mit 100 g Salz (z. B. Fleur de Sel, Salzflocken oder Meersalz) auf den Grill stellen, nicht über die Glut. Räucherchips und Gewürze abgießen, ausdrücken, auf die Glut werfen. Einen Deckel auf den Grill legen, die Luftzufuhr reduzieren. Salz mindestens 20 Min. räuchern.

ROTE LINSENCREME

EDAMAME-BOHNEN-HUMMUS
MIT INGWER

KASTANIEN-HUMMUS

EDAMAME-BOHNEN-HUMMUS MIT INGWER

Zutaten für 4 Personen:
1 Dose Kichererbsen (400 g Inhalt)
1 Stück frischer Ingwer (2 – 3 cm)
3 EL Tahin (Sesammus)
1 TL gemahlener Kreuzkümmel
75 ml Zitronensaft
5 EL + 1 TL Olivenöl
Salz, Pfeffer
Chilipulver
400 g TK-Edamame-Bohnen (für 200 g gepult, Bio- oder Asienladen, oder Erbsen)
2 EL grüne Pistazienkerne

~

20 Min. Zubereitung
Pro Portion: ca. 365 kcal, 14 g EW, 26 g F, 19 g KH

~

1 Die Kichererbsen in ein Sieb abgießen, kurz mit kaltem Wasser abbrausen und abtropfen lassen. Ingwer schälen und in Scheiben schneiden. Tahin, Kreuzkümmel, Zitronensaft, 5 EL Olivenöl, Kichererbsen, Ingwer und etwa 4 EL Wasser in ein hohes Gefäß geben und mit einem Pürierstab cremig pürieren. Hummus mit Salz, Pfeffer und etwas Chilipulver würzen und in eine Schüssel geben.

2 Salzwasser in einem Topf aufkochen, unaufgetaute Edamame-Bohnen darin ca. 5 Min. kochen lassen, dann in ein Sieb abgießen, kalt abschrecken und abtropfen lassen. Die Bohnenkerne aus den Schoten pulen und locker unter die Kichererbsencreme rühren. 1 TL Olivenöl erhitzen, die Pistazienkerne darin anrösten, bis sie duften. Dann etwas abkühlen lassen, grob hacken und leicht salzen. Die Pistazien über den Dip streuen.

Tipp

Statt Chilipulver passt auch sehr gut Shishimi Togarashi, der japanische 7-Gewürz-Pfeffer. Für ein Hummus mit Roter Bete die Edamame-Bohnen einfach durch 125 g gekochte Rote Beten ersetzen und mit 1 EL Kurkumapulver statt mit Kreuzkümmel würzen.

KASTANIEN-HUMMUS

Zutaten für 4 Personen:
250 g weiße Bohnen (Glas)
250 g gekochte Esskastanien (Vakuumpack), 4 EL Rapsöl
Salz, Zimtpulver, Garam Masala
2 – 3 TL Zitronensaft
1 Bund Rucola
~
15 Min. Zubereitung
Pro Portion: ca. 245 kcal, 5 g EW, 12 g F, 29 g KH
~

1 Weiße Bohnen in ein Sieb abgießen, dabei die Flüssigkeit auffangen. Bohnen und gekochte Esskastanien mit der aufgefangenen Flüssigkeit und 3 ½ EL Rapsöl mit einem Pürierstab cremig pürieren – eventuell bei Bedarf noch ein paar Löffel Wasser dazugeben. Das Hummus mit je 1 Prise Salz, Zimtpulver und Garam Masala würzen, dann mit 1 – 2 TL Zitronensaft abschmecken.

2 Rucola waschen, verlesen und trocken schütteln, grobe Stiele entfernen. Die Rucolablätter 1- oder 2-mal durchschneiden. Rucola mit dem restlichen Zitronensaft, dem übrigen Öl und Salz verrühren. Den Rucola damit anmachen. Hummus in eine Schüssel geben und mit Rucola garnieren.

ROTE LINSENCREME

Zutaten für 6 – 8 Personen:
Salz, 200 g rote Linsen
1 Zitrone
1 Bund Kräuter (z. B. Kerbel, Estragon, Petersilie)
3 EL Tahin (Sesammus)
2 EL Hanfmehl
1 TL gemahlener Kreuzkümmel
3 – 4 EL Hanföl (oder EFA-Öl, siehe S. 62), Pfeffer
~
20 Min. Zubereitung
Bei 8 Personen pro Portion: ca. 180 kcal, 8 g EW, 9 g F, 15 g KH
~

1 In einem Topf 700 ml schwach gesalzenes Wasser aufkochen, die roten Linsen dazugeben und darin in ca. 15 Min. garen, bis das Wasser verkocht ist. Falls es nicht verkocht ist, das Wasser offen bei großer Hitze einkochen lassen.

2 Den Saft der Zitrone auspressen. Die Kräuter waschen und trocken schütteln, die Blätter abzupfen und grob hacken. Die Kräuter mit Zitronensaft, Tahin, Hanfmehl, Kreuzkümmel, Hanföl und Linsen in ein hohes Rührgefäß geben und mit einem Pürierstab cremig pürieren. Die Linsencreme kräftig mit Salz und Pfeffer abschmecken. Dann die Linsencreme abdecken und bis zum Servieren in den Kühlschrank stellen.

ROHES FRÜCHTEBROT MIT CAROB

Zutaten für 4 Personen:
100 g Trockenfrüchte (z. B. Pflaumen, Aprikosen, Feigen, Datteln)
2 EL Super-Trockenfrüchte (z. B. Physalis, Maulbeeren)
50 g Chiasamen
1 EL Kakaonibs
1 kleiner Apfel
150 g Möhren
2 EL Kokosöl
75 g gekeimte Quinoa (oder Buchweizen, siehe S. 72)
1 EL Zimtpulver
3 EL Carobpulver
Salz
2 EL gehackte Mandeln

~

15 Min. Zubereitung
2 Std. Einweichen
24 Std. Trocknen
Pro Portion: ca. 320 kcal, 9 g EW, 15 g F, 34 g KH

~

1 Trockenfrüchte und Super-Trockenfrüchte getrennt mit lauwarmem Wasser bedecken und mindestens 2 Std. einweichen. Die Chiasamen und Kakaonibs im Blender oder einer Kaffeemühle mahlen. Apfel waschen, vierteln und entkernen. Möhren putzen und schälen. Beides in Stücke schneiden. Trockenfrüchte abgießen, das Einweichwasser auffangen. Kalt abbrausen und abtropfen lassen. Apfel, Möhren, Trockenfrüchte, Kokosöl, Quinoa, Zimt- und Carobpulver und 1 Prise Salz grobkörnig pürieren. 1 – 2 EL Einweichwasser und die Mandeln unterkneten.

2 Masse im Ofen oder Dörrgerät trocknen lassen. Für das Trocknen im Ofen ein Blech mit Backpapier auslegen. Teig daraufstreichen, mit nassen Händen etwas flach drücken. Klarsichtfolie darüberlegen, mit einem Nudelholz ca. 4 mm dick ausrollen. Folie abziehen, mit dem Messerrücken einzelne Stücke markieren, sodass sie sich später brechen lassen. Im Ofen (Mitte) bei 130° Umluft ca. 2 Std. backen.

3 Für das Trocknen im Dörrgerät Backpapier so ausschneiden, dass sie auf die Siebe des Geräts passen, am Rand etwas Platz frei lassen. Teig daraufstreichen, ausrollen und bei 40° ca. 24 Std. trocknen. Jeweils nach der Hälfte der Zeit die Brote wenden und das Backpapier abziehen. In Stücke brechen und luftdicht lagern.

Tipp

Ein Dörrgerät oder Dehydrator ist für das Trocknen sehr praktisch. Wichtig bei der Auswahl ist, dass die Temperatur geregelt werden und man bei 42° trocknen kann. Dazu gibt es passende Dörrfolien. Sie sind wasch- und wiederverwendbar und wellen sich nicht bei Kontakt mit Feuchtigkeit, das bei Backpapier zu einer faltigen Unterseite führt. Wer viel trocknet, braucht die speziellen Folien.

CRACKER-WICHES MIT CASHEW-KÄSE-CREME

Zutaten für 4 Personen:
150 g Cashewnusskerne
1 Bio-Zitrone
2 EL helle Misopaste
Salz, Pfeffer
6 in Öl eingelegte getrocknete Tomaten
½ Kohlrabi
½ Bund Rucola
16 Doppelcracker (Bioladen)

~

15 Min. Zubereitung
6 Std. Einweichen
Pro Portion: ca. 490 kcal, 13 g EW, 27 g F, 49 g KH

~

1 Cashewnusskerne 6 Std. einweichen. Abgießen, abbrausen und abtropfen lassen. Zitrone heiß waschen und abtrocknen, die Schale abreiben und den Saft auspressen. 1 TL Zitronensaft aufheben. Rest mit Wasser auf 60 ml auffüllen, mit Cashewnusskernen, Zitronenschale, Misopaste pürieren, salzen, pfeffern. Die Creme kalt stellen.

2 Tomaten grob hacken. Kohlrabi schälen, raspeln. Beides mit übrigem Zitronensaft, Salz und Pfeffer leicht kneten. Rucolablätter ohne Stiele waschen, trocken schleudern. Cracker mit Creme bestreichen, mit Kohlrabi und Rucola belegen. Je zwei Hälften zusammendrücken.

Tipp

In der Basic-Version einfach mit Crackern und Käsecreme zum Dippen oder mit Maischips servieren.

TOMATEN-TOFU-SANDWICH MIT KRESSE

Zutaten für 4 Personen:
2 EL Walnusskerne
125 g Räuchertofu
2 Baby-Romanasalate
½ Bund Brunnenkresse
2 EL Olivenöl, 1 EL Sojasauce
2 EL passierte Tomaten
Salz, Pfeffer, 2 Tomaten
8 Scheiben Roggenbrot
8 EL Hummus (siehe S. 48)

~

15 Min. Zubereitung
Pro Portion: ca. 450 kcal,
15 g EW, 26 g F, 38 g KH

~

1 Walnusskerne hacken. Tofu in Scheiben schneiden. Romanasalat putzen und längs so vierteln, dass er am Strunk noch zusammen hält. Brunnenkresse waschen, trocken schleudern und zerzupfen.

2 1 EL Öl in einer Pfanne erhitzen, Salat darin auf den Schnittflächen 2 Min. braten, herausnehmen. Übriges Öl in die Pfanne geben, Tofu darin auf jeder Seite 1 – 2 Min. anbraten. Nach dem Wenden Nüsse zugeben. Sojasauce und Tomaten verrühren und untermischen, beiseitestellen. Mit Salz und Pfeffer würzen.

3 Tomaten waschen, in Scheiben schneiden. Brot toasten, mit Hummus bestreichen. 4 Scheiben mit Tomaten, Salat, Tofu und Kresse belegen. Mit Nüssen bestreuen. Je 1 Brotscheibe auflegen, leicht andrücken.

SALATE & VORSPEISEN

Roh macht glücklich: Knackig-frisch, unglaublich abwechslungsreich und voller Vitamine sind Salate – und keineswegs nur Beilage. Mit viel grünem Blattgemüse, aber auch mit Hülsenfrüchten, Nüssen, Früchten, Sprossen und raffinierten Super-Salatsaucen taugen unsere Salate und rohen Vorspeisen auch als vollständige Mahlzeit.

GRÜNES SUPERGEMÜSE

Das war schon immer klar: Gemüse steht ganz oben auf der Liste der Top-Nahrungsmittel, denn es liefert jede Menge Vitamine, Mineralstoffe und andere Vitalstoffe. Die grünen Sorten wie Brokkoli oder Spinat haben es aber ganz besonders in sich. Denn sie stecken voller Chlorophyll, das reichlich Vitalität spendet. Je dunkler das Grün, desto mehr Chlorophyll und damit Pflanzenpower ist im Gemüse.

1 ALGEN

Das Superfood aus dem Wasser ist nicht nur reich an Chlorophyll und Protein, sondern enthält als einzige Pflanze Vitamin B12 – das kommt sonst nur in tierischen Produkten vor. Klassische Meeresalgen stecken außerdem voller Omega-3-Fettsäuren und sind eine der besten natürlichen Jodquellen. Bei uns gibt es hauptsächlich Wakame, Kombu, Arame, Meeresspaghetti, Dulse und Nori zu kaufen. Nori-Blätter werden aus Seetang zubereitet, aus denen geröstet die Sushi-Rollen entstehen. Algen sind meistens getrocknet im Handel, deshalb vor dem Weiterverarbeiten immer gut waschen und einweichen.

2 BROKKOLI

Unter den Kohlsorten gehört Brokkoli zu den gesündesten. Er regt den Stoffwechsel aller Körperzellen an. Speziell auch für Vegetarier interessant ist sein hoher Gehalt an Eisen, B-Vitaminen, Kalzium und Folsäure. Um alle Nährstoffe perfekt verwerten zu können, Brokkoli am besten mit biotinhaltigem Gemüse wie Tomaten, Avocados oder Spinat kombinieren. Dünsten Sie Brokkoli immer bissfest in wenig Wasser. Frische Brokkoliröschen schmecken auch roh in Salaten oder Dips.

3 SPROSSEN

Sie sind kleine Kraftprotze der Natur: Wenn ein Pflanzensamen keimt, explodiert sein Vitamin- und Mineralstoffgehalt. Diese Vitalstoffe sind hoch konzentriert und der Körper kann sie optimal aufnehmen. Weil Sprossen es zum Keimen warm und feucht brauchen, sind sie auch Nährboden für Bakterien. Deshalb so rasch wie möglich verwenden, davor gründlich waschen. Aus fast allen Samen, Getreide oder Hülsenfrüchten lassen sich Sprossen ziehen, zum Beispiel aus Brokkoli, Quinoa, Alfalfa, Radieschen, Sonnenblumenkernen, Kresse oder Erbsen. Die kleinen Vitalbömbchen schmecken auf belegten Broten, in Salaten, Smoothies und Suppen. Ganz leicht gebraten oder gedünstet, sind sie sogar Gemüsebeilage.

4 BRUNNENKRESSE

Die Brunnenkresse enthält extra viele antioxidative Stoffe, darunter auch die Senföle, die antibiotisch wirken und den Stoffwechsel anregen. Echte Brunnenkresse ganz frisch verbrauchen oder nur einige Tage in ein feuchtes Tuch wickeln und im Kühlschrank aufbewahren. Kresse immer roh essen und vorher nur kurz kalt waschen. Kresse schmeckt pfeffrig-scharf und gibt Sandwiches, Suppen und Salaten einen Vitaminschub, sie passt aber generell zu Gerichten, die eine leichte Senfnote vertragen.

5 AVOCADO

Die grüne Tropenfrucht wird fast nur roh verwendet, ist also perfekte Zutat für die Rohkostküche. Sie punktet mit besonders wertvollem Fett – ist Supernahrung für Herz und Gefäße. Dazu kommt eine geballte Ladung B-Vitamine, die höchste Konzentration in Früchten überhaupt. Avocados sind tolle Sattmacher. Sie sind nicht nur super für den Klassiker Guacamole, sondern auch als Basis für Salatsaucen, Smoothies oder kalte Suppen.

6 SPINAT UND MANGOLD

Das dunkelgrüne Blattgemüse hat eine enorm hohe Nährstoffdichte. Und in puncto Eisen: Spinat hat zwar weniger, als man lange Zeit annahm, aber immer noch ganz schön viel. Allerdings kann der Körper das Eisen aus gekochtem Spinat schlecht aufnehmen. Also öfter mal roh essen – als Salat, gemischt mit anderen Blattsalaten. Schön mild schmeckt Babyspinat oder -mangold, er eignet sich auch gut für grüne Smoothies. Gekocht, passt Spinat in Aufläufe, Suppen oder zu Pasta. Garen Sie ihn sanft, am besten nur blanchieren.

TO GO

SALAT UND GEMÜSE

Grundregel für alle To-Go-Salate: Die Sauce extra mitnehmen! Am besten in ein Fläschchen füllen und erst vor Ort mischen. So bleiben Blattsalate knackig und Nudelsalate saftig. Das gilt fürs Partybüfett genauso wie für die Brotzeit in Schule, im Büro oder an der Uni. Manchen Salaten schadet es aber nicht, wenn sie eine Weile in der Sauce marinieren – denken Sie nur an den klassischen Krautsalat. Hier ein paar einfache Grundrezepte zum Mitnehmen.

(1)

1 KICHERERBSENSALAT

Für 4 Personen: 2 Dosen Kichererbsen (à 400 g Inhalt) abgießen und abtropfen lassen. Für das Dressing 2 EL Zitronensaft, 2 TL scharfer Senf, 3 EL Sojasahne, 1 EL Hanfsamen, 1 EL helles Miso und 4 – 5 EL Wasser in ein Gefäß geben, mit Salz und Pfeffer kräftig würzen. Alle Zutaten mit einem Pürierstab pürieren, dabei 75 ml Olivenöl in dünnem Strahl dazugießen und untermixen. Salat mit Salz und Pfeffer abschmecken 200 g Kirschtomaten waschen und halbieren. Mit Kichererbsen und dem Dressing mischen.

2 EINGELEGTES GEMÜSE

Für 4 – 6 Personen: Etwa 1 kg Gemüse wie Möhren, Blumenkohl, Brokkoli, Rote Beten, Pastinaken oder Kohlrabi putzen, waschen, eventuell schälen und in Stücke schneiden. 1 Zwiebel und 1 Stück frischen Ingwer (ca. 3 cm) schälen und hacken. 1 Bund Kräuter wie Petersilie, Dill oder Oregano waschen und trocken schütteln, die Blätter hacken. Alle vorbereiteten Zutaten mit 4 EL Olivenöl, Salz Pfeffer und 200 ml Wasser in einem Topf aufkochen. Gemüse zugedeckt in ca. 5 Min. knackig dünsten, beiseitestellen. 1 TL Kokosblütenzucker und 3 EL Zitronensaft dazugeben, salzen, pfeffern und abkühlen lassen. Gemüse und 250 g gekochten Kaniwa, Quinoa oder Buchweizen separat verpacken, zum Essen mischen.

3 GRÜNKOHLSALAT

Für 4 Personen: 250 g Grünkohl waschen, dicke Stiele entfernen, die Blätter in Streifen schneiden. Dann in einer Schüssel leicht salzen und kneten. 1 Gurke schälen und längs vierteln, die Kerne entfernen und aufheben. Gurkenviertel quer in dünne Scheiben schneiden. Für das Dressing 2 EL Zitronensaft, 2 TL scharfer Senf, 3 EL Sojasahne (oder Seidentofu), 1 EL Hanfsamen, 1 EL helles Miso, Gurkenkerne, Salz und Pfeffer pürieren, dabei 75 ml Olivenöl in dünnem Strahl dazugießen und untermixen. Salzen und pfeffern. Grünkohl, Gurke und Sauce mischen. 250 g gekochter Quinoa – ein paar halbierte Kirschtomaten und für die Veggie-Variante 4 hart gekochte, gehackte Eier – separat einpacken und zum Essen servieren.

CAESARS SALAD MIT BRUNNENKRESSE

Zutaten für 4 Personen:

Für den Salat:
4 EL Sonnenblumenkerne
1 Bund Brunnenkresse
1 mittelgroßer Romanasalat
3 Stangen Staudensellerie
2 dünne Scheiben Roggenbrot (ca. 125 g)
1 Knoblauchzehe
1 TL Zitronensaft
1 TL helle Misopaste (z. B. Shiro-Miso)
2–3 EL Olivenöl
1 Prise Chilipulver
Salz
3 EL schwarze Oliven

Für das Dressing:
2 EL Zitronensaft
2 TL scharfer Senf
3 EL Sojasahne
1 EL geschälte Hanfsamen
1 EL helle Misopaste (z. B. Shiro-Miso)
Salz, Pfeffer
75 ml Olivenöl

~

20 Min. Zubereitung
12 Std. Einweichen
Pro Portion: ca. 420 kcal, 7 g EW, 34 g F, 20 g KH

~

1 Für den Salat die Sonnenblumenkerne in Wasser ca. 1 Std. (besser 12 Std. über Nacht) einweichen. Die Brunnenkresse zerzupfen, den Romanasalat putzen und in ca. 3 cm breite Streifen schneiden. Die Kresse und den Salat separat waschen und trocken schleudern. Den Staudensellerie putzen, waschen und quer in Scheiben schneiden.

2 Für das Dressing Zitronensaft, Senf, Sojasahne, Hanfsamen, Misopaste und 6 EL Wasser in einen Mixbecher geben, salzen und pfeffern. Alles mit einem Pürierstab pürieren, dabei das Öl nach und nach in dünnem Strahl untermixen.

3 Das Roggenbrot in kleine Stücke zupfen. Knoblauch mit Schale anquetschen. Die Sonnenblumenkerne abgießen, kalt abbrausen und abtropfen lassen. 1 TL Zitronensaft, 1 TL Misopaste und 1 EL Öl verrühren. Die Sonnenblumenkerne untermischen, mit Chilipulver und Salz würzen. In einer beschichteten Pfanne bei mittlerer Hitze hellbraun braten, herausnehmen. Übriges Öl in derselben Pfanne erhitzen, Knoblauch und Brot darin knusprig braten. Auf Küchenpapier entfetten, Knoblauch entfernen. Brot leicht salzen. Den Salat mit den Oliven und dem Dressing mischen. Mit Brot und Sonnenblumenkernen bestreuen.

Tipp

Sojasahne enthält Sojalecithin und Lecithin ist ein Emulgator, mit dessen Hilfe sich Öl und Wasser gut verbinden. Das ist ideal für Mayonnaise, Dips und Saucen oder eine vegane Sauce hollandaise (siehe S. 110). Auch bei Desserts hilft Lecithin, fruchtige Pürees mit Kokosöl zu verbinden. Sojasahne ist geschmacksneutral. Für das Dressing können Sie statt Sojasahne auch Seidentofu nehmen, die Bindung ist nicht ganz so stark.

SUPERFOOD-SALAT MIT SESAM-DRESSING

Zutaten für 4 Personen:

Für den Salat:
Grünkohl
(oder Schwarzkohl)
Salz, Pfeffer
1 EL Zitronensaft
3 EL Rapsöl (oder EFA-Öl, siehe Tipp)
100 g Quinoa
200 g weiße Bohnen (Glas)
2 EL Walnusskerne
2 EL geschälte Sesamsamen
½ Gurke
6 EL Granatapfelkerne (gibt es fertig ausgebrochen, oder aus ½ Granatapfel lösen)

Für das Dressing:
3 EL Tahin (Sesammus)
je 3 EL Zitronensaft und Orangensaft
1 EL Zitronen- oder Orangenmarmelade
Salz, Pfeffer
4 EL Rapsöl

~

1 Std. Zubereitung
Pro Portion: ca. 475 kcal, 12 g EW, 32 g F, 32 g KH

~

1 Den Grünkohl waschen und trocken schleudern, dicke Blattrippen entfernen. Die Blätter in feine Streifen schneiden, salzen und pfeffern. 1 EL Zitronensaft und 3 EL Rapsöl verrühren, unter die Streifen mischen, alles etwas kneten und ca. 1 Std. ziehen lassen.

2 Quinoa in Wasser ca. 5 Min. einweichen, dann in ein Sieb abgießen, kalt abbrausen und abtropfen lassen. Mit 250 ml Wasser ohne Salz aufkochen und zugedeckt 15 – 17 Min. kochen lassen, bis die Garflüssigkeit verkocht ist. Quinoa umrühren und zugedeckt einige Min. nachquellen lassen. Bohnen abgießen, kalt abbrausen, abtropfen lassen und mit Quinoa mischen. Walnusskerne hacken. Mit Sesamsamen in einer kleinen Pfanne ohne Fett hellbraun rösten. Die Gurke schälen, längs halbieren, entkernen und die Kerne aufheben. Die Gurke schräg in dünne Scheiben schneiden.

3 Für das Dressing Tahin mit Zitronen- und Orangensaft, Zitronen- oder Orangenmarmelade und Gurkenkernen oder 4 EL kaltem Wasser pürieren, salzen und pfeffern. Das Öl unterrühren.

4 Grünkohl mit Gurke mischen und anrichten. Quinoa-Bohnen-Mischung, Nüsse und Granatapfelkerne mit dem Dressing mischen und auf dem Grünkohl verteilen.

Tipp – EFA-Öl

8 Teile Hanföl, 1 Teil Leinsamenöl und 1 Teil Kürbiskernöl miteinander mischen – das ergibt ein Öl mit einer idealen Kombination an essenziellen Fettsäuren. Es nennt sich EFA-Öl (»essential fatty acids«). Das Öl bis zur Verwendung kühl aufbewahren.

WURZELCARPACCIO MIT NUSSBRÖSELN

FELDSALAT MIT KÜRBIS

ALGEN-APFEL-SALAT

WURZELCARPACCIO MIT NUSSBRÖSELN

Zutaten für 4 Personen:
400 g Rote Beten,
Möhren und Pastinaken
½ Bio-Orange
½ Bio-Zitrone
Salz, Pfeffer
3 EL Rapsöl (oder EFA-Öl,
siehe S. 62)
1 Stück frischer Ingwer (ca. 2 cm)
1 EL Macadamianüsse
1 EL Sesamsamen
1 Prise Kreuzkümmel
1 Prise Zimtpulver
1 Bund Schnittlauch

~

55 Min. Zubereitung
Pro Portion: ca. 210 kcal, 4 g EW,
11 g F, 23 g KH

~

1 Rote Beten, Möhren und Pastinaken putzen und schälen. Möhren und Pastinaken längs halbieren. Gemüse mit einem Gemüsehobel in hauchdünne Scheiben schneiden. Orangen- und Zitronenhälfte heiß waschen und abtrocknen, jeweils die Schale abreiben und den Saft auspressen. Zitronen- und Orangensaft mit Salz und Pfeffer würzen und mit dem Rapsöl verrühren. Ingwer schälen, fein reiben oder hacken und unterrühren. Das Gemüse darin ca. 30 Min. ziehen lassen.

2 Inzwischen Macadamianüsse und Sesamsamen in einer Pfanne ohne Fett unter Rühren hellbraun rösten, dann herausnehmen und kurz abkühlen lassen. Nüsse und Sesamsamen im Blitzhacker grob zerkleinern und herausnehmen. Mit Kreuzkümmel, Zimtpulver und Zitrusschalen mischen und leicht salzen.

3 Schnittlauch waschen, trocken schütteln und in Röllchen schneiden. Das Carpaccio anrichten, mit der Gewürzmischung und den Schnittlauchröllchen bestreuen. Dazu passt 1 Klecks Rote Linsencreme (siehe S. 49), Cashew-Crème-fraîche (siehe S. 100) oder für die Veggie-Variante Crème fraîche.

Tipp

Dazu passen auch dünne Scheiben Räuchertofu oder knusprig gebratenes Tempeh sehr gut. Dafür Räuchertofu oder Tempeh in dünne Scheiben schneiden, kurz in Sojasauce wenden und mit etwas Öl in einer beschichteten Pfanne anbraten, dann 2 Teelöffel BBQ-Sauce (siehe Tipp S. 136) unterschwenken und den Tofu oder das Tempeh damit leicht glasieren.

ALGEN-APFEL-SALAT

Zutaten für 4 Personen:
15 g Wakame-Algen
3 EL getrocknete Physalis
¼ Radicchio, 1 Apfel
2 Stangen Staudensellerie
1 Stück frischer Ingwer (ca. 4 cm)
3 EL helle Misopaste (z. B. Shiro-Miso)
2 EL Apfelessig, 5 EL Rapsöl
Salz, Pfeffer
~
50 Min. Zubereitung
Pro Portion: ca. 180 kcal, 3 g EW, 14 g F, 12 g KH
~

1 Die Wakame-Algen in reichlich lauwarmem Wasser ca. 30 Min. einweichen. Physalis in 2 EL Wasser einweichen. Inzwischen den Radicchio putzen, waschen, trocken schleudern und in Stücke zupfen.

2 Den Apfel waschen, vierteln und entkernen. Die Apfelviertel quer in dünne Scheibchen schneiden. Den Staudensellerie putzen, waschen und quer in Scheiben schneiden. Für das Dressing den Ingwer schälen und fein reiben. Mit Misopaste, Apfelessig, Rapsöl und dem Einweichwasser der Physalis verrühren.

3 Die Algen kalt abbrausen und trocken schleudern. Die Algen mit dem Radicchio, Apfel, Staudensellerie und dem Dressing mischen. Den Algensalat mit Salz und Pfeffer kräftig abschmecken, anrichten und sofort servieren.

FELDSALAT MIT KÜRBIS

Zutaten für 4 Personen:
250 g Muskatkürbis
Salz, Pfeffer
3 EL Apfelessig
3 EL Orangensaft
2 EL Ahornsirup
75 g Vollkornbaguette
4 EL Rapsöl (oder Nussöl)
2 EL Kürbiskerne
150 g Feldsalat
125 g Heidelbeeren
~
20 Min. Zubereitung
Pro Portion: ca. 220 kcal, 5 g EW, 13 g F, 19 g KH
~

1 Kürbis schälen, Kerne und Fasern entfernen. Das Kürbisfleisch hauchdünn schneiden, hobeln oder grob raspeln. Mit Salz und Pfeffer würzen. Apfelessig, Orangensaft und Ahornsirup verrühren, den Kürbis darin marinieren. Inzwischen das Baguette in dünne Scheiben schneiden und locker zerzupfen. 1 – 2 EL Rapsöl in einer beschichteten Pfanne erhitzen, die Baguettestücke darin hellbraun und knusprig braten. Die Croûtons aus der Pfanne nehmen. Die Pfanne mit Küchenpapier auswischen. Die Kürbiskerne in der heißen Pfanne rösten. Kürbiskerne herausnehmen und leicht salzen.

2 Feldsalat putzen, waschen, verlesen und trocken schleudern. Heidelbeeren waschen, verlesen und abtropfen lassen. Für das Dressing die Marinade vom Kürbis in einer Schüssel mit dem übrigen Öl verrühren, salzen und pfeffern. Mit dem Feldsalat mischen. Kürbis und Beeren anrichten und den Feldsalat daraufgeben. Mit Kürbiskernen und Croûtons bestreuen.

LÖWENZAHNSALAT MIT BLUMENKOHL

Zutaten für 4 Personen:
2 EL getrocknete Physalis (oder Gojibeeren)
1 Frühlingszwiebel
2 EL Zitronensaft
2 EL Orangensaft
1 TL scharfer Senf
2 TL Quittengelee
3 EL Rapsöl (oder Nussöl)
Salz, Pfeffer
125 g Blumenkohl
200 g Löwenzahn (gelber Löwenzahn vom Markt oder zarte Blätter sammeln)
100 g Vogelmiere (oder 1 Bund Kräuter für Grüne Sauce)
2 EL gekeimte Sonnenblumenkerne (siehe S. 72)

~

45 Min. Zubereitung
Pro Portion: ca. 140 kcal, 4 g EW, 11 g F, 6 g KH

~

1 Die Physalis in 2 EL lauwarmem Wasser ca. 30 Min. einweichen. Inzwischen die Frühlingszwiebel putzen, waschen und in Ringe schneiden. Für das Dressing Zitronen- und Orangensaft mit Senf und Quittengelee verrühren, das Rapsöl unterschlagen. Die Physalis mit dem Einweichwasser dazugeben, salzen und pfeffern.

2 Den Blumenkohl waschen, putzen, mit einer Reibe grob raspeln und leicht salzen. Den Löwenzahn verlesen, dabei welke Blätter und sehr dicke Stiele entfernen, dann waschen und trocken schleudern. Große Löwenzahnblätter in mundgerechte Stücke schneiden. Die Vogelmiere verlesen, waschen und ebenfalls trocken schleudern. Alles mit dem Dressing mischen und den Salat mit den gekeimten Sonnenblumenkernen bestreuen.

Tipp

Löwenzahn punktet mit Bitter- und Gerbstoffen. Die sind gut für Verdauung und Entgiftung. Am besten schmecken die leicht bitteren, jungen Blätter. Also im Frühjahr, bevor die Pflanze blüht. Milder, gebleichter Löwenzahn passt prima in Salate. Die frisch-nussigen Knospen schmecken roh oder mit etwas Olivenöl und Knoblauch gedünstet. Vogelmiere wächst und blüht sogar im Winter. Sie regt den Stoffwechsel an und stärkt das Immunsystem. Sie schmeckt nach jungen Maiskolben und passt zu Salat, Frühlingssuppen oder aufs Butterbrot. Die Blüten können Sie mitessen.

ARTISCHOCKEN-FENCHEL-SALAT

Artischocken sind lecker und gesund, vor allem für die Leber. Das Putzen ist etwas aufwendig, doch mit den Steps gelingt es leicht. Man kann auch eine kleine Fenchelknolle mehr nehmen.

Zutaten für 4 Personen:
1 Handvoll Brunnenkresse (oder Rucola, Babyspinat, Babymangold, Feldsalat, Radicchio)
1 kleine Fenchelknolle
4 – 5 kleine (Blut-)Orangen
1 Zitrone
8 Babyartischocken (oder 1 Fenchelknolle)
frische Kurkuma (ca. 5 cm, oder frischer Ingwer, ca. 2 cm)
1 EL Zitronen- oder Orangenmarmelade
Salz, Pfeffer
4 EL Olivenöl
2 EL kleine Oliven ohne Stein (in Rohkostqualität)

~

25 Min. Zubereitung
Pro Portion: ca. 190 kcal, 3 g EW, 11 g F, 18 g KH

~

Tipp
Dazu passen Edamame-Bohnen-Hummus (siehe S. 48) und Cracker (siehe S. 86).

1 Brunnenkresse waschen, verlesen, dicke Stiele entfernen und die Blätter trocken schleudern. Fenchelknolle putzen, waschen und so in 12 – 16 Spalten schneiden, dass sie noch vom Strunk zusammengehalten werden. Den Saft von ½ Orange auspressen. Die restliche Orangen mit einem scharfen Messer schälen, dabei auch die weiße Haut entfernen. Das Fruchtfleisch in größere Stücke schneiden.

2 Den Saft der Zitrone auspressen und bis auf 2 EL mit Wasser in eine Schüssel geben. Die spitze obere Hälfte der Artischocken abschneiden, bei etwas größeren Exemplaren sogar etwas mehr als die Hälfte wegschneiden. Zähe Blätter ringsherum mit einem scharfen Messer entfernen. Den Stiel schälen und auf ca. 5 cm kürzen. Die Artischocken halbieren, das sogenannte »Heu« mit einem Teelöffel entfernen – ganz kleine Artischocken haben kein Heu. Die Artischocken wie den Fenchel in Spalten schneiden und in Zitronenwasser legen, damit sie nicht braun werden.

3 Für das Dressing die Kurkuma schälen und hacken. Mit Orangensaft und dem übrigen Zitronensaft mischen. Die Marmelade unterrühren und mit Salz und Pfeffer kräftig würzen. Olivenöl und Oliven unterrühren. Fenchel- und Artischockenspalten in dem Dressing wenden. Salat mit Brunnenkresse und Orangenstücken anrichten.

1 Die spitze obere Hälfte der Artischocken mit einer Schere abschneiden.
2 Die Stiele schälen und kürzen. Die Artischocken halbieren.

3 Das sogenannte »Heu« mit einem Teelöffel aus den Artischockenhälften entfernen und die Hälften in Spalten schneiden.

CHIASAMEN-CHILI MIT BUCHWEIZEN

Zutaten für 4 Personen:
50 g Chiasamen
250 ml Tomatensaft
1 Limette
1 Orange
4 Tomaten
Salz
½ Fenchelknolle
je ½ rote und gelbe Paprikaschote
1 kleine rote Zwiebel
1 reife Avocado
1 Bund Koriandergrün
3–4 Stängel Minze
4 EL gekeimter Buchweizen (siehe Tipp)
2 EL gekeimte Sonnenblumenkerne (siehe Tipp)
1 Prise Chilipulver
je 1 Prise Kurkumapulver und gemahlener Kreuzkümmel

~

30 Min. Zubereitung
Pro Portion: ca. 295 kcal, 8 g EW, 20 g F, 16 g KH

~

1 Chiasamen und Tomatensaft oder Wasser in eine Schüssel geben und darin einweichen. Inzwischen den Saft der Limette und Orange auspressen und ebenfalls in eine Schüssel geben.

2 Tomaten waschen und vierteln, dabei die Stielansätze entfernen. Die Viertel entkernen und leicht salzen, mit einer Gabel etwas zerdrücken und stehen lassen. Das Fruchtfleisch klein würfeln. Fenchelknolle putzen, waschen und in kleine Würfel schneiden. Die Paprikahälften putzen, waschen und ebenfalls würfeln. Zwiebel schälen und klein würfeln. Avocado halbieren und den Stein entfernen. Das Fruchtfleisch mit einem Teelöffel in lockeren Spänen aus der Schale lösen. Avocado, Tomaten, Fenchel, Paprika und Zwiebel mit dem Limetten- und Orangensaft mischen.

3 Die Kräuter waschen und trocken schütteln, die Blätter abzupfen und hacken. Mit gekeimtem Buchweizen, Sonnenblumenkernen und Chiasamen unter das Gemüse mischen. Die Tomatenkerne in einem Sieb über dem Chili abgießen, sodass der ausgetretene Saft ins Chili läuft. Die Kerne wegwerfen. Chili mit Salz, Chili- und Kurkumapulver und Kreuzkümmel kräftig würzen.

Tipp – Gekeimte Saaten

Viele Saaten gibt es vorgekeimt und danach unter 42° getrocknet. So können die wertvollen Inhaltsstoffe von Buchweizen, Sonnenblumenkernen oder Quinoa besser vom Körper verwertet werden. Eine Vorstufe davon sind »aktivierte« Saaten, also wenn Nüsse, Kerne oder Samen eingeweicht werden. Nicht zu verwechseln sind gekeimte, getrocknete Saaten mit »feuchten« Keimlingen oder Sprossen, die sich eher für Salate oder als Gemüse eignen und mehr Wasser enthalten.

TOMATEN UND GURKE MIT QUINOAFÜLLUNG

Unser gefülltes Gemüse schmeckt eigentlich bereits pur sehr gut, aber auch mit einem Klecks Crème fraîche oder klein gewürfeltem Mozzarella. Beides gibt es in veganen Varianten und für Veggies natürlich auch aus Kuhmilch.

Zutaten für 4 Personen:
3 EL Sonnenblumenkerne
2 EL Walnusskerne
8 kleine Strauchtomaten
1 Gurke (oder 2 kleine Zucchini, ca. 200 g)
2 EL geschälte Sesamsamen
50 g gekeimter Quinoa (siehe S. 72), Salz, Pfeffer
1 Prise Pul Biber (oder Physalissalz, siehe S. 155)
2 EL Zitronensaft
1 Bund Basilikum
1 Frühlingszwiebel
5 EL Olivenöl

~

20 Min. Zubereitung
12 Std. Einweichen
Pro Portion: ca. 290 kcal, 6 g EW, 23 g F, 13 g KH

~

Tipp
Dazu passen Cashew-Crème-fraîche (siehe S. 100) oder Mozzarellawürfel.

1 Die Sonnenblumenkerne und Walnusskerne in Wasser ca. 6 Std. (besser 12 Std. über Nacht) einweichen.

2 Tomaten und Gurke waschen. Von den Tomaten an der runden Seite einen Deckel abschneiden. Tomaten mit einem Teelöffel aushöhlen. Die Kerne leicht salzen, mit einer Gabel zerdrücken und stehen lassen. Gurke waschen, quer in ca. 4 cm große Stücke schneiden und aushöhlen, dabei einen Boden stehen lassen. Das ausgehöhlte Fruchtfleisch in einen Blitzhacker geben. Die Kerne und Nüsse in ein Sieb abgießen, kalt abbrausen und abtropfen lassen, ebenfalls in den Blitzhacker geben. Alles mehr »schroten« als fein mixen. Sesamsamen und Quinoa untermischen, mit Salz, Pfeffer, Pul Biber und 1 EL Zitronensaft würzen. Die Tomatenkerne in einem Sieb über der Füllung abgießen, sodass der ausgetretene Saft hineinläuft. Die Kerne wegwerfen. Die Füllung mit Salz und Pfeffer abschmecken und das Gemüse damit füllen.

3 Das Basilikum waschen und trocken schütteln, die Blätter abzupfen. Die Frühlingszwiebel putzen, waschen und in breite Ringe schneiden. Basilikum und Frühlingszwiebel mit restlichem Zitronensaft, Olivenöl, Salz und 3 EL Wasser in einen Blender oder Mixer geben und fein pürieren. Mit Salz und Pfeffer abschmecken und als Dressing mit dem gefüllten Gemüse anrichten.

AVOCADO MIT ZUCCHINI-CHILI-TATAR

Eine große Entdeckung sind gekeimte Linsen. Das Keimen ist einfach und dauert nur wenige Tage. Die nussigen Keimlinge bereichern Salate, sind aber auch innerhalb von Minuten gar.

Zutaten für 4 Personen:
100 g Linsenkeimling (oder 200 g andere Keimlinge aus dem Bioladen)
250 g kleine Zucchini
½ – 1 rote Chilischote
2 Grünkohlblätter (ca. 50 g)
1 Zitrone
Salz
1 reife Avocado
100 g Kirschtomaten
½ Bund Basilikum
2 EL Olivenöl

~

15 Min. Zubereitung
3 Tage Keimen
Pro Portion: ca. 260 kcal, 9 g EW, 19 g F, 13 g KH

~

Tipp

Zum Keimen gibt es spezielle Keimgefäße. Linsen keimen nach 3 Tagen, 100 g davon ergeben 200 g Keimlinge.

---

1 Die Linsen waschen und in ein heiß ausgespültes Einweckglas geben und etwa die doppelte Menge abgekochtes, abgekühltes Wasser dazugießen. Das Glas mit einem grobmaschigen Baumwolltuch und einem Einmachgummi abdecken. Die Linsen über Nacht quellen lassen. Am nächsten Tag das Wasser durch das Tuch abgießen und die Linsen gut abspülen. Das Glas umgedreht an einen warmen Ort ohne direktes Sonnenlicht stellen. Die Linsen zweimal täglich wässern, bis sie keimen – das dauert etwa 3 – 5 Tage.

2 Zucchini waschen, putzen und so klein wie möglich würfeln oder mit einer Reibe grob raspeln. Chilischote längs halbieren, entkernen, waschen und hacken. Grünkohlblätter waschen und trocken schleudern, dicke Blattrippen entfernen. Die Blätter mittelfein hacken. Den Saft der Zitrone auspressen. Zitronensaft mit Zucchini, Chili und Grünkohl mischen und salzen.

3 Avocado halbieren und den Stein entfernen. Das Fruchtfleisch mit einem Löffel herauslösen und mit einer Gabel grob zerdrücken. Mit dem marinierten Zucchinimix vermischen und mit Salz würzen.

4 Die Kirschtomaten waschen und halbieren. Das Basilikum waschen und trocken schütteln, die Blätter grob zerzupfen. Die Keimlinge abbrausen und abtropfen lassen. Tomaten, Basilikum und Keimlinge anrichten, salzen und mit dem Olivenöl beträufeln. Das Avocadotatar in die Mitte geben.

1

2

1 Linsen waschen, in ein Einweckglas geben, die doppelte Menge Wasser zugießen und abgedeckt über Nacht quellen lassen.
2 In einem Sieb abtropfen lassen.

3

3 Das Wasser täglich durch das Tuch abgießen, Linsen abspülen und wässern. Zum Keimen das Glas umgedreht an einen warmen Ort stellen.

4

ZUCCHINI-SPAGHETTI MIT NUSS-SAUCE

Zutaten für 4 Personen:
150 g Cashewnusskerne
800 g dicke Zucchini
Salz
1 Zitrone
1 – 2 milde rote Chilischoten
1 TL Kurkumapulver
2 EL helle Misopaste (z. B. Shiro-Miso)
300 g Gemüse (z. B. Brokkoliröschen, frische Erbsen, Kohlrabi, Möhren, Paprikaschote, Radieschen)

~

20 Min. Zubereitung
12 Std. Einweichen
8 Std. Trocknen
Pro Portion: ca. 275 kcal, 12 g EW, 17 g F, 18 g KH

~

1 Cashewnusskerne in eine Schüssel mit kaltem Wasser geben und ca. 6 Std. (besser 12 Std. über Nacht) einweichen.

2 Zucchini waschen und mit einem Spiralizer (siehe Tipp unten) in Spaghettistreifen schneiden. Oder die Zucchini längs in 1 cm dicke Scheiben schneiden und mit dem Sparschäler in Streifen wie Bandnudeln von den Scheiben abziehen. Zucchinistreifen oder Spaghetti auf einem großen Sieb ausbreiten, leicht salzen und 6 – 8 Std. bei Zimmertemperatur trocknen lassen.

3 Für die Sauce die Cashewnusskerne in ein Sieb abgießen, kalt abbrausen und abtropfen lassen. Die Zitrone heiß waschen und abtrocknen, die Schale fein abreiben und den Saft auspressen. Die Chilischoten längs halbieren, entkernen, waschen und grob hacken. Mit Cashewnusskernen, Zitronenschale und -saft, 200 ml Wasser, 1 kräftigen Prise Salz, Kurkumapulver und Misopaste in einem Blender cremig pürieren.

4 Das Gemüse putzen, waschen, eventuell schälen und in dünne Scheiben oder kleine Stückchen schneiden, Erbsen ganz lassen. Mit Zucchinispaghetti und Nuss-Sauce mischen.

Tipp

Mit einem Spiralizer können Sie ganz leicht Zucchini, Möhren und anderes hartes Gemüse zu köstlichen rohen »Nudeln« schneiden. Das kleine Handgerät gibt es günstig im Fachhandel. Noch einfacher: »Gemüse-Bandnudeln« lassen sich auch mit einem Sparschäler schneiden.

SUPPEN & SNACKS

Manchmal muss es einfach Suppe sein. Sie wärmt, nährt und tröstet. Wenn dann noch supergesunde Zutaten drin sind wie Spinat, Quinoa oder Gojibeeren – umso besser. Und für den Heißhunger zwischendurch legen Sie sich am besten einen Vorrat unserer Snacks an. Bei Kalechips oder Sonnenblumenkern-Crackern können Sie gerne mehrmals zugreifen.

NÜSSE UND SAMEN

So klein sie sind – Samen und Nüsse sind einfach perfekte Energielieferanten mit ihren wertvollen Fettsäuren und extraviel Protein. Außerdem kann man sie ganz leicht und unglaublich vielseitig in den täglichen Speiseplan einbauen, dabei peppen sie Salziges und Süßes supergesund auf. Sie schmecken zum Beispiel prima in Salaten, im Müsli und in Gemüsepfannen oder einfach so zwischendurch geknabbert.

1 WALNUSSKERNE

Keine andere Nuss enthält so viel Antioxidantien und Omega-3-Fettsäuren wie sie. Mit ihrem Nährstoffpaket ist die Walnuss perfekter Energiekick für Hirn und Kreislauf. Walnüsse immer so frisch wie möglich kaufen, am besten noch in der Schale. Und kühl aufbewahren, rasch verbrauchen. Die cremig-würzigen, leicht bitteren Nüsse verfeinern Müslis, Desserts, Eis oder Obstalat genauso wie würzige Salate oder Pesto. Auch in Brot- und Kuchenteig machen sie sich gut.

2 SESAMSAMEN

Wie Leinsamen sind auch Sesamsamen glutenfrei und eine wichtige Quelle für Lignane, eine Art pflanzliche Hormone, die gegen Entzündungen wirken. Dazu kommen noch viele B-Vitamine und Mineralstoffe. Der wunderbar nussige Geschmack geschälter Sesamsamen ist ziemlich universell für pikante und süße Gerichte geeignet. Der Klassiker: Hummus mit Sesammus Tahin als Grundlage.

3 ERDMANDEL

Sie ist ein oft noch unterschätzter Stern am Superfood-Firmament. Die Erdmandel (oder Chufa) schmeckt nussig, leicht süß und enthält Magnesium, Biotin und ganz viele Ballaststoffe – ist also ein echter Sattmacher und Nervenstärker. Die unterirdische Knollen des Erdmandelgrases gibt es ganz, gemahlen oder als Chips. Gemahlen passen sie zum Beispiel in Quarkspeisen, Müslis oder Dips. Allergiker können beim Kuchenbacken auch gemahlene Nüsse durch Chufasmehl ersetzen.

4 SONNENBLUMENKERNE
Sie sind kleine Proteinbomben und voller Vitalstoffe. Geschälte Sonnenblumenkerne sättigen und sind ideal zum Knabbern, fürs Müsli, für Rohkost-Cracker, Salate oder im Brotteig. Sie schmecken geröstet oder als Keimlinge.

5 LEINSAMEN
Zusammen mit Hanf- und Chiasamen gehören sie zu den pflanzlichen Top-Lieferanten für die Omega-3-Fettsäuren. Die fördern die Durchblutung, stärken Gehirn und Immunsystem. Am besten wirken aufgebrochene Leinsamen. Die geschroteten Samen werden allerdings schnell ranzig, deshalb möglichst selbst frisch mahlen. Die kleinen Körner quellen im Darm auf, also viel trinken! Sie passen in Müsli, Salate, Suppen, selbst gemachte Brote und Rohkost-Cracker. In Leinöl stecken die gesunden Fettsäuren noch konzentrierter. Ein Teelöffel schmeckt in Salatsaucen oder Dips.

6 HANFSAMEN
Der Dritte im Bunde der Klein-aber-oho-Samen ist eine super Quelle für hochwertiges und leicht verdauliches, pflanzliches Protein. Außerdem stecken in Hanfsamen Omega-3- und Omega-6-Fettsäuren in einem optimalen Verhältnis. Das milde Nussaroma geschälter Samen passt zu Süßem und auch Pikantem, in Müsli, Pesto, Kräckerteig, Hanfpulver in Smoothie, Hanföl in Salat und Gemüse.

TO GO

MAGISCHE SUPPEN

Für die Null-Minuten-Terrine in der kleinen Pause sind solide Thermoskannen ideal. Wer darin nicht nur Heißgetränke transportieren will, sondern auch mal ein ganzes Mittagessen, der ist mit einem Thermosbehälter mit weitem Hals bestens bedient. Denn daraus kann man auch stückige Eintöpfe und Suppen gut entnehmen. Sie eignen sich aber auch für kalte Smoothies oder Suppen, um sie schön kühl zu halten – ist ideal im Sommer.

1 TOMATEN-ORANGEN-SUPPE

Für 2 Personen: 1 EL Rohrohrzucker mit 1 EL Wasser erhitzen, bis der Zucker karamellisiert. Mit 100 ml Orangensaft ablöschen; offen auf 2 EL einkochen lassen. Topf beiseitestellen. 500 g reife Tomaten waschen, die Stielansätze entfernen. Die Tomaten zerkleinern, mit 2 EL Olivenöl, Orangenkaramell und 3 – 4 Eiswürfeln pürieren. Mit Salz, Pfeffer und gemahlenem Koriander würzen. Die kalte Tomatensuppe durch ein Sieb streichen und in einen Thermosbehälter füllen.

2 SPINAT-AVOCADO-SMOOTHIE

Für 2 Personen: 1 Frühlingszwiebel putzen, waschen und in Ringe schneiden. 100 g jungen Blattspinat putzen, waschen und abtropfen lassen. Das Fruchtfleisch von ½ Avocado mit einem Teelöffel aus der Schale lösen. Frühlingszwiebel, Spinat, Avocado, 1 EL Zitronensaft und 300 ml Wasser in einen Mixer geben und fein pürieren. Den Smoothie mit Salz und Pfeffer abschmecken.

3 QUINOA-TOMATEN-SUPPE

Für 2 Personen: 80 g Quinoa in Wasser einige Minuten einweichen. 2 Knoblauchzehen schälen und hacken. 2 Zweige Rosmarin waschen und trocken schütteln, die Nadeln abstreifen. Rosmarinnadeln und 1 getrocknete Chilischote ebenfalls hacken. 2 EL Olivenöl erhitzen, Knoblauch, Rosmarin und Chili darin kurz anbraten. Mit 500 ml Gemüsebrühe, 2 EL Sojasauce und 1 EL Zitronensaft ablöschen. 200 g passierte Tomaten dazugeben, alles aufkochen und salzen. Quinoa in ein Sieb abgießen, kurz abbrausen und abtropfen lassen. Dann in die Suppe geben, alles einmal aufkochen und in einen Thermosbehälter füllen. Den Behälter verschließen (die Suppe bleibt darin ca. 3 Std. heiß). Zum Servieren den Behälter einmal kräftig schütteln, die Suppe in tiefe Teller gießen und genießen.

SONNENBLUMENKERN-CRACKER MIT DIP

Wer möchte, kann nach Belieben variieren. Sonnenblumenkerne ersetzen Sie durch Haselnusskerne oder Mandeln, Möhren und Lauch durch Paprika, Zucchini oder Petersilienwurzeln. Und schmecken Sie die rohe Masse nach Geschmack kräftig ab.

Zutaten für 4 Personen:

Für die Cracker:
100 g Sonnenblumenkerne
150 g Leinsamen
1 TL Koriandersamen
1 TL Kreuzkümmel
150 g Lauch
150 g Möhren, 1 TL Salz
1 Prise Chilipulver
4 EL Olivenöl

Für den Mandeldip:
100 g geschälte Mandeln
1 TL getrocknete Wakame-Algen
½ Bund Dill
150 g Gurke
2 EL Zitronensaft
3 EL Rapsöl
Salz, Pfeffer
frisch geriebene Muskatnuss

~

20 Min. Zubereitung
2 Std. Einweichen
24 Std. Trocknen
Pro Portion: ca. 645 kcal,
23 g EW, 55 g F, 7 g KH

~

1 Sonnenblumenkerne in Wasser und 50 g Leinsamen separat in 150 ml Wasser ca. 2 Std. einweichen. Für den Dip Mandeln einweichen. Übrige Leinsamen mit Koriandersamen und Kreuzkümmel mahlen. Lauch putzen, waschen, längs vierteln und in Streifen schneiden. Möhren putzen, schälen und raspeln. Sonnenblumenkerne abgießen, abbrausen und abtropfen lassen. Mit eingeweichten und gemahlenen Leinsamen und Gemüse mischen, alles mit Salz und Chilipulver würzen. Olivenöl unterrühren. Ein Drittel der Masse pürieren und unter den unpürierten Rest mischen.

2 Cracker im Ofen oder Dörrgerät trocknen: Für das Trocknen im Ofen ein Blech mit Backpapier auslegen. Teig daraufstreichen, mit nassen Händen etwas flach drücken. Klarsichfolie darauflegen, mit einem Nudelholz 3 – 4 mm dick ausrollen. Folie abziehen und mit dem Messerrücken einzelne Stücke markieren.

3 Im Ofen (Mitte) bei Umluft 130° ca. 45 Min. backen, dann wenden, Backpapier abziehen und in 30 Min. fertig backen. Für das Trocknen im Dörrgerät Backpapier ausschneiden, sodass es auf die Siebe des Geräts passt, dabei am Rand etwas Platz frei lassen. Teig daraufstreichen, wie beschrieben ausrollen und bei 40° ca. 24 Std. trocknen. Nach der Hälfte der Zeit die Cracker wenden und das Backpapier abziehen. In Stücke brechen und luftdicht verschließen.

4 Mandeln abgießen, abbrausen und abtropfen lassen. Algen im Blender mahlen. Dill waschen und trocken schütteln, die Spitzen grob hacken. Die Gurke schälen und zerkleinern. Mit Dill, Mandeln, Zitronensaft und Öl cremig pürieren. Mit Algenpulver, Salz, Pfeffer und 1 Prise Muskat würzen.

DOPPELDECKER MIT BRUNNENKRESSE

Zutaten für 4 Personen:
½ Rezept Mandeldip (siehe S. 86)
4 EL Sojasauce
1 EL Kokosblütensirup
½ Zitrone (oder Orange)
1 EL getrocknete Gojibeeren
125 g rohveganer Käse
1 Birne
1 kleine Rote Bete
1 Möhre
1 Bund Brunnenkresse (oder Rucola)
24 kleine quadratische Cracker
1 Stück frischer Meerrettich (ca. 2 cm)

~

30 Min. Zubereitung
Pro Portion: ca. 265 kcal, 5 g EW, 18 g F, 20 g KH

~

1 Den Mandeldip zubereiten (siehe S. 86). Sojasauce mit Kokosblütensirup verrühren. Die Zitronenhälfte heiß abwaschen und abtrocknen, 1 TL Schale fein abreiben und den Saft auspressen. Schale und Saft mit der Marinade verrühren. Die Gojibeeren unter die Marinade mischen. Den Käse in ca. 2 mm dicke Scheiben schneiden. Die Birne waschen, vierteln, entkernen und die Viertel quer in Scheibchen schneiden. Rote Bete und Möhre putzen, schälen und in möglichst dünne Scheiben schneiden oder hobeln. Alles in der Marinade wenden und ziehen lassen.

2 Die Brunnenkresse waschen, verlesen und dicke Stiele entfernen. Die Blättchen zerzupfen und trocken schleudern. Die Cracker mit Mandeldip bestreichen. Die marinierten Zutaten und Brunnenkresse auf der Hälfte der Cracker verteilen. Den Meerrettich schälen und über die Cracker reiben. Jeweils einen zweiten Cracker auflegen. Die Cracker sofort servieren, damit sie nicht durchweichen.

Tipp

Falls die Doppeldecker eine Weile stehen müssen, die Cracker vorsichtshalber nicht direkt mit Mandeldip bestreichen, sondern jeweils mit einem trocken geschleuderten Salatblatt belegen und dann erst den Dip daraufstreichen. Anstelle von kleinen Crackern können Sie auch 16 größere, rechteckige Cracker oder Pumpernickeltaler verwenden.

WURZELCHIPS

BLUMENKOHLCHIPS

KALECHIPS MIT ESSIG
UND ZWIEBEL

KALECHIPS MIT ESSIG UND ZWIEBEL

Zutaten für 4 Personen:
ca. 200 g Grünkohl
1 Frühlingszwiebel
2 EL Weißweinessig
2 EL weißes Mandelmus
1 Prise Chilipulver (oder Cayennepfeffer)
Salz

~

10 Min. Zubereitung
8 Std. Trocknen
Pro Portion: ca. 100 kcal, 4 g EW, 8 g F, 4 g KH

~

1 Den Grünkohl putzen, in Blätter zerlegen und dicke Blattrippen entfernen. Die Blätter waschen, trocken schleudern und in kleinere Stücke zupfen. Die Frühlingszwiebel putzen, waschen und in dünne Ringe schneiden. Essig, Mandelmus, Chilipulver und 1 kräftige Prise Salz verrühren. Die Mischung einige Minuten in Grünkohl und Frühlingszwiebelringe einmassieren.

2 Grünkohlblättchen im Ofen oder im Dörrgerät trocknen lassen. Für das Trocknen im Ofen zwei Bleche mit Backpapier auslegen. Die Blättchen darauf verteilen und im Ofen (Mitte) bei 100° Umluft in 45–60 Min. knusprig trocknen lassen, gelegentlich wenden. Gegen Ende der Trockenzeit kontrollieren, damit der Kohl nicht zu dunkel wird. Oder den Grünkohl auf den Sieben eines Dörrgerätes ausbreiten und bei 40° in ca. 8 Std. trocknen lassen.

3 Die fertigen Grünkohlchips gleich essen oder luftdicht verschließen und ein oder zwei Tage aufbewahren.

Tipp

Das Rezept funktioniert mit jeder Grünkohlsorte und auch mit zarten Kohlrabi- oder anderen Kohlblättchen. Es gibt zartere und festere Sorten und innerhalb der gleichen Sorte zarte, kleine und ledrige, große Blätter – was die Trocknungszeit beeinflusst. Deshalb zwischendurch prüfen, ob die Chips schon knusprig sind. Für Rezepte mit rohem Grünkohl eher die zarteren Sorten aussuchen. Vor allem im Sommer – eigentlich nicht die klassische Saison für Grünkohl – gibt es manchmal sogar Baby-Grünkohlblätter für Salate und Chips.

WURZELCHIPS

Zutaten für 4 Personen:
750 g Möhren, Rote Beten, Pastinaken, einzeln oder gemischt
¼ Bund Dill
1 EL Zitronensaft
2 EL weißes Mandelmus
1 TL Ahornsirup (oder Honig)
1 EL Meerrettich (frisch gerieben oder aus dem Glas), Meersalz
~
10 Min. Zubereitung
8 Std. Trocknen
Pro Portion: ca. 135 kcal, 3 g EW, 8 g F, 11 g KH
~

1 Das Gemüse schälen und mit einem Gemüsehobel oder einem Messer in hauchdünne Scheiben schneiden. Den Dill waschen und trocken schütteln, die Dillspitzen abzupfen und hacken. Den Dill mit Zitronensaft, Mandelmus, Ahornsirup, Meerrettich und 1 kräftigen Prise Meersalz verrühren. Diese Mischung einige Minuten in das Gemüse einmassieren.

2 Im Ofen oder im Dörrgerät trocknen lassen. Für das Trocknen im Ofen drei Bleche mit Backpapier auslegen. Gemüsescheiben darauf verteilen und im Ofen (Mitte) bei 100° Umluft in ca. 1 Std. knusprig trocknen lassen, dabei ab und zu durchmischen. Gegen Ende der Trockenzeit ab und zu kontrollieren, damit das Gemüse nicht zu dunkel wird. Oder auf den Sieben eines Dörrgeräts ausbreiten und bei 40° in 6 – 8 Std. trocknen lassen, dabei zwischendurch wenden.

BLUMENKOHLCHIPS

Zutaten für 4 Personen:
350 g Blumenkohl, Brokkoli und Romanesco, einzeln oder gemischt
2 EL Mandeln
2 EL Zitronensaft
2 EL weißes Mandelmus
Chilipulver (Kümmelsamen oder Kreuzkümmel)
Meersalz
~
10 Min. Zubereitung
12 Std. Trocknen
Pro Portion: ca. 125 kcal, 4 g EW, 10 g F, 4 g KH
~

1 Den Kohl putzen, waschen und in Röschen teilen. Die Röschen mit einem Messer in dünne Scheiben schneiden (die Krümel aufheben). Die dicken Stiele schälen und quer in dünne Scheiben schneiden. Die Mandeln im Blitzhacker oder in einem Blender zu feinem Grieß mahlen. Zitronensaft, Mandelmus und 2 EL Wasser verrühren, mit Chilipulver und 1 kräftigen Prise Meersalz würzen. Diese Mischung mit Kohlscheibchen und Krümeln vermischen.

2 Den Kohl im Ofen oder im Dörrgerät trocknen lassen. Für das Trocknen im Ofen zwei Bleche mit Backpapier auslegen. Den Kohl darauf verteilen, mit Mandelgrieß bestreuen und im Ofen (Mitte) bei 100° Umluft in 60 – 75 Min. knusprig trocknen lassen. Gegen Ende der Trockenzeit ab und zu kontrollieren, damit der Kohl nicht zu dunkel wird. Oder auf den Sieben eines Dörrgeräts ausbreiten, mit dem Mandelgrieß bestreuen und bei 40° in ca. 12 Std. trocknen lassen, dabei zwischendurch wenden.

REISNUDELSUPPE MIT GOJIBEEREN

Eine Offenbarung ist das warme Nudelsuppenfrühstück – wie es zum Beispiel in Vietnam überall üblich ist. Auf unseren Reisen durch das Land haben wir diese Suppe auch mit Gojibeeren kennengelernt – wir haben sie immer wieder gerne probiert.

Zutaten für 4 Personen:
3 EL getrocknete Gojibeeren
200 g Reisnudeln
3 Stangen Staudensellerie
200 g Zwiebeln
3 Knoblauchzehen
200 g Möhren, 2 Tomaten
1 Bund Petersilie
1 EL getrocknete Steinpilze
2 Lorbeerblätter, Salz, Pfeffer
1 Stück frischer Ingwer (ca. 5 cm)
4 EL Sojasauce
1 Bio-Limette
2 – 3 rote Chilischoten
1 Bund Koriandergrün
Küchengarn

~

30 Min. Zubereitung
Pro Portion: ca. 290 kcal,
10 g EW, 1 g F, 60 g KH

~

Tipp
Weil es weltweit Sorten mit unterschiedlichen Schärfegraden gibt, Chili dezent dosieren.

1 Für die Brühe die Gojibeeren mit 250 ml warmem Wasser übergießen. Reisnudeln in kaltem Wasser einweichen. Inzwischen das Gemüse putzen, waschen, schälen und in Scheiben schneiden. Petersilie waschen und trocken schütteln, die Blätter abzupfen, grob hacken und beiseitestellen. Die Stängel mit Küchengarn zusammenbinden. Mit Gemüse, Steinpilzen, Lorbeerblättern und 1 l Wasser in einem Topf aufkochen. Mit 1 ½ TL Salz und Pfeffer würzen. Die Brühe zugedeckt bei kleiner Hitze ca. 10 Min. köcheln lassen.

2 Inzwischen den Ingwer schälen und reiben oder hacken. Gojibeeren abgießen, dabei das Einweichwasser auffangen. Petersilienstängel entfernen. Das Einweichwasser zur Brühe geben und noch einmal aufkochen. Mit Ingwer und 2 EL Sojasauce würzen.

3 Limette heiß waschen und abtrocknen, quer halbieren, dann die Hälften vierteln. Chilis putzen, waschen und in Ringe schneiden. Mit der übrigen Sojasauce in vier Dipschälchen geben. Koriandergrün waschen und trocken schütteln, die Blätter abzupfen. Alles extra zur Suppe servieren, sodass sich jeder 1 Spritzer Limettensaft, Chiliringe, Koriander und Petersilie auf die Suppe geben kann.

4 Reisnudeln in Salzwasser nach Packungsangabe garen, abgießen und in Suppenschalen geben. Gojibeeren, Gemüse und Brühe über den Reisnudeln verteilen.

MISOSUPPE MIT TOFU UND KANIWA

Zutaten für 4 Personen:
125 g Kaniwa
Salz
1 Stück frischer Ingwer (ca. 4 cm)
2 Frühlingszwiebeln
1 milde rote Chilischote
1 l Gemüsebrühe
2 EL Instant-Wakame-Algen
200 g Seidentofu
1 Bio-Limette
100 – 120 g helle Misopaste
(z. B. Shiro-Miso)

~

30 Min. Zubereitung
Pro Portion: ca. 210 kcal,
12 g EW, 4 g F, 29 g KH

~

1 Kaniwa waschen, abtropfen lassen. 500 ml Salzwasser aufkochen, Kaniwa darin ca. 15 Min. garen. Ingwer schälen und reiben. Frühlingszwiebeln und Chili putzen, waschen und in Ringe schneiden. Brühe erhitzen, Algen darin ca. 5 Min. mitkochen. Ingwer, Frühlingszwiebeln und Chili dazugeben, weitere 3 Min. kochen lassen.

2 Tofu ca. 2 cm groß würfeln. Limette heiß waschen, abtrocknen, in Spalten schneiden. Miso mit etwas Brühe verrühren, Misocreme in die Suppe rühren. Kaniwa abgießen, auf Suppenschalen verteilen. Den Tofu daraufgeben. Mit Suppe begießen, mit Limette servieren.

Tipp

Ingwer ist scharf und kurbelt den Stoffwechsel an. Verwenden Sie ihn geschält, klein gewürfelt oder fein gerieben.

ROTE LINSENSUPPE MIT RÄUCHERTOFU

Zutaten für 4 Personen:
3 Knoblauchzehen
4 EL Olivenöl, 1 EL Currypulver
250 g rote Linsen, 1,2 l Brühe
200 g Wurzelgemüse (je ca. 80 g Möhren, Sellerie und Lauch)
400 g Kartoffeln, 250 g Tomaten
Salz, Weinessig
200 g Räuchertofu, Pfeffer
½ Bund Brunnenkresse

~

45 Min. Zubereitung
Pro Portion: ca. 470 kcal, 27 g EW, 16 g F, 52 g KH

~

1 Knoblauch schälen und in Scheiben schneiden. 1 EL Öl erhitzen, Knoblauch darin kurz anbraten. Currypulver unterrühren. Linsen und Brühe zugeben und aufkochen, zugedeckt in 25 Min. garen.

2 Gemüse und Kartoffeln waschen, putzen, schälen. Gemüse 5 mm groß zerschneiden. Kartoffeln würfeln. Tomaten waschen, Stielansätze entfernen. Tomaten würfeln. Übriges Öl erhitzen, Gemüse und Kartoffeln darin 2 Min. anbraten, salzen. Mit 2 EL Essig, 125 ml Linsenwasser offen bei kleiner Hitze 15 Min. kochen lassen.

3 Ein Viertel der Linsen zum Gemüse geben. Übrige Linsen und übrige Brühe pürieren. Tofu in Scheiben schneiden. Mit Gemüsemischung unter das Linsenpüree mischen. Alles aufkochen, salzen, pfeffern und mit Essig abschmecken. Brunnenkresse waschen, trocken schleudern, zerzupfen. Suppe mit Kresse servieren.

MINESTRONE MIT AMARANT UND BOHNEN

Zutaten für 4 – 6 Personen:
125 g Amarant
3 kleine Zwiebeln
4 Knoblauchzehen
2 Möhren
500 g Kartoffeln
3 Stangen Staudensellerie
1 Zweig Rosmarin
4 EL Olivenöl
Salz, Pfeffer
200 g passierte Tomaten
1 l Gemüsebrühe (siehe Tipp)
1 Lorbeerblatt
250 g Grünkohlblätter
ca. 200 g kleine, weiße Bohnen (Glas)
2 EL Sojasauce

~

30 Min. Zubereitung
Bei 6 Personen pro Portion: ca. 255 kcal, 10 g EW, 9 g F, 31 g KH

~

1 Amarant in einem feinen Sieb waschen und abtropfen lassen. Zwiebeln und Knoblauch schälen und beides würfeln. Das Gemüse putzen und waschen. Möhren und Kartoffeln schälen und würfeln. Staudensellerie quer in Scheiben schneiden. Rosmarin waschen und trocken schütteln, die Nadeln abzupfen und hacken. 3 EL Olivenöl erhitzen, das Gemüse darin 5 Min. andünsten, mit Salz und Pfeffer würzen. Mit passierten Tomaten und Brühe aufgießen. Amarant und Lorbeerblatt dazugeben und alles aufkochen, dann zugedeckt bei kleiner Hitze ca. 5 Min. kochen lassen.

2 Inzwischen die Grünkohlblätter waschen, die dicken Blattrippen entfernen. Die Kohlblätter aufrollen und in Streifen schneiden. Die Streifen zur Suppe geben und in 10 – 15 Min. fast weich kochen. Inzwischen die Bohnen abgießen und abtropfen lassen, die Bohnen in die Suppe geben und erwärmen. Das Lorbeerblatt entfernen. Die Suppe mit Sojasauce, Salz und Pfeffer abschmecken, anrichten und mit übrigem Öl beträufeln.

Tipp – Gemüsebrühe

Sammeln Sie Gemüsereste wie Endstücke von Zwiebeln, Knoblauch, Petersilienwurzel, Möhrenschalen, Fenchelstrünke, Tomaten, Sellerie, und frieren Sie alles ein. Sobald sich genug angesammelt hat, Gemüse, mediterrane Kräuter, Lorbeerblatt, ein paar Scheibchen getrocknete Steinpilze sowie zerstoßene Pfefferkörner in einen Topf geben, mit Wasser bedecken, salzen und aufkochen. Zugedeckt 25 Min. kochen lassen. Brühe abgießen, mit Salz und Pfeffer abschmecken und portionsweise einfrieren. Ein Rezept mit asiatischem Touch finden Sie auf Seite 94.

KÜRBISSUPPE MIT CRANBERRYBRÖSELN

Zutaten für 4 Personen:
400 g Hokkaido-Kürbis
1 Stück frischer Ingwer (ca. 5 cm)
1 rote Chilischote
2 Zwiebeln
350 g Tomaten
(oder passierte Tomaten)
Salz
2 EL Rapsöl
700 ml Gemüsebrühe
(siehe Tipp S. 98)

Für die Brösel:
1 TL rohe Kakaonibs
1 EL getrocknete Cranberrys
(oder Physalis oder Maulbeeren)
1 Prise Chiliflocken
1 Scheibe Pumpernickel
Salz

~

30 Min. Zubereitung
Pro Portion: ca. 135 kcal, 3 g EW, 6 g F, 14 g KH

~

1 Den Kürbis waschen, die Fasern und Kerne entfernen. Das Kürbisfleisch würfeln. Den Ingwer schälen und hacken. Die Chilischote längs halbieren, entkernen, waschen und fein hacken. Die Zwiebeln schälen und in Scheiben schneiden. Die Tomaten waschen und ohne die Stielansätze würfeln. Mit Kürbiswürfeln, Ingwer, Chili und Zwiebeln mischen und salzen. Öl in einem Topf erhitzen, die Kürbismischung darin unter Rühren ca. 5 Min. braten.

2 Die Gemüsebrühe dazugießen, aufkochen und offen bei kleiner Hitze 15 Min. kochen lassen. Inzwischen für die Brösel die Kakaonibs, die Cranberrys und Chiliflocken im Blitzhacker mahlen. Den Pumpernickel grob zerkrümeln und in einer Pfanne ohne Fett ca. 2 Min. rösten. Die Pumpernickelkrümel leicht salzen, herausnehmen und kurz abkühlen lassen. Anschließend die Krümel mit dem Kakao-Cranberry-Pulver mischen.

3 Die Suppe vom Herd nehmen, mit einem Pürierstab pürieren, dann salzen und mit den Bröseln anrichten. Dazu passt 1 Klecks Cashew-Crème-fraîche (siehe Tipp).

Tipp – Cashew-Crème-fraîche
Für etwa 350 g: 100 g Cashewnusskerne in Wasser mindestens 12 Std. einweichen. Dann in ein Sieb abgießen, kalt abbrausen und abtropfen lassen. Mit 175 g Sojajoghurt, 100 ml Brottrunk und 2 TL Salz im Blender cremig mixen. Zum Anrichten 1 Klecks davon in die Kürbissuppe geben und die Suppe mit den Bröseln bestreuen.

KALTE CRANBERRY-MELONEN-SUPPE

Zutaten für 4 Personen:
½ Bund Zitronenthymian (oder Thymian)
1 frisches Lorbeerblatt
6 EL mildes Olivenöl
½ Orange
1 kleine Netzmelone
125 ml Cranberry-Saft (Bioladen)
2 EL helle Misopaste (z. B. Shiro-Miso)
Salz, Pfeffer
250 g Blumenkohl
2 EL getrocknete Cranberrys

~

40 Min. Zubereitung
Pro Portion: ca. 225 kcal, 3 g EW, 16 g F, 18 g KH

~

1 Thymian und Lorbeerblatt waschen und trocken schütteln, die Thymianblättchen abzupfen. Thymian und Lorbeerblatt grob hacken. 4 EL Olivenöl mit der Hälfte des Zitronenthymians und dem Lorbeerblatt in einem kleinen, schmalen Topf erwärmen. Die Herdplatte ausschalten und das Öl 30 Min. ziehen lassen. Danach durch ein Sieb gießen, eventuell zum Mitnehmen in ein Schraubglas füllen.

2 Inzwischen die Orange heiß waschen und abtrocknen, 1 TL Schale fein abreiben und den Saft auspressen. Melone halbieren, entkernen, in Spalten schneiden und die Spalten schälen. Das Fruchtfleisch mit Cranberry-Saft, Orangensaft und -schale und Misopaste mixen, mit Salz und Pfeffer würzen. Den restlichen Zitronenthymian unter die Suppe rühren. Die Suppe kalt stellen.

3 Den Blumenkohl putzen, waschen, grob raspeln und leicht salzen. Die Cranberrys grob hacken, mit 2 EL Blumenkohl mischen. Den übrigen Blumenkohl mit der Suppe in Gläsern anrichten, mit der Cranberrymischung bestreuen und mit übrigem Öl beträufeln.

Tipp

In Japan gehört die fermentierte Miso-Sojabohnenpaste zu den sehr eiweißreichen Grundnahrungsmitteln. Miso enthält nach der Fermentation reichlich Milchsäurebakterien, Edelschimmelkulturen und andere gesunde Mikroorganismen und Enzyme. Damit diese ihre »probiotische« Wirkung entfalten können, sollte Miso nur kurz erhitzt und wegen des hohen Salzgehalts sparsam dosiert werden.

GEMÜSE

Grünkohl, Spinat und Co. sind prallvoll mit Chlorophyll und das liefert Energie pur für unsere Zellen. Aber auch Rote Bete, Tomate, Kürbis oder Süßkartoffel haben viel zu bieten. Geschmacklich sowieso. Ob Sprossen aus dem Wok, Honigmöhren, Thai-Curry, Ofen-Brokkoli oder Kartoffelspießchen für die Grillparty – bei Gemüse können Sie aus dem Vollen schöpfen.

ROTES SUPERGEMÜSE

Neben Chlorophyll, dem grünen Superstoff, bieten auch andere Pflanzenfarbstoffe im Gemüse eine Menge Gesundheitspower. Zum Beispiel Carotinoide, die Möhren oder Kürbis so schön orange färben. Sie sind gut für die Augen und schützen die Haut vor zu viel Sonne. Am besten kann unser Körper Carotinoide zusammen mit etwas Fett verwerten. Hier stellen wir Ihnen unsere roten Lieblingsgemüse für eine gesunde Küche vor.

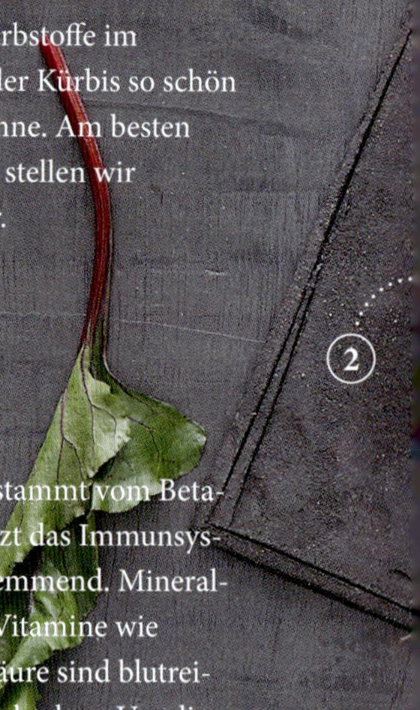

2

1 TOMATE

Tomaten haben reichlich Vitamin C und E, die die Haut schützen. Vor allem aber gehören sie zu den Hauptquellen für Lycopin. Dieser rote Farbstoff bekämpft freie Radikale, die Zellen angreifen. Je röter und reifer die Tomate ist, desto höher ist ihr Gehalt an Lycopin. Auch dieses Carotinoid kann der Körper am besten verwerten, wenn das Gemüse mit etwas Fett wie Olivenöl gegessen wird. Und: Aus gekochten Tomaten ist Lycopin sogar noch viel besser verfügbar als aus rohen. Greifen Sie also ruhig auch zu Dosentomaten.

1

2 ROTE BETE

Die tiefrote Farbe der Knolle stammt vom Betanin. Dieses Antioxidans schützt das Immunsystem und wirkt entzündungshemmend. Mineralstoffe wie Kalium, Eisen und Vitamine wie Vitamin B und vor allem Folsäure sind blutreinigend und regen den Stoffwechsel an. Um die gesunde Wirkung optimal zu nutzen, die Rote Bete auch mal roh genießen – geraspelt als Rohkost oder als Saft. Zum Kochen die Knollen abbürsten und mit der Schale in Salzwasser garen. Erst nach dem Abkühlen die Schale abpellen. Sie schmeckt pur nur mit Salz und Pfeffer, zum süßsäuerlichen Aroma passen aber auch kräftige Gewürze und Aromen.

3 KÜRBIS

Die größte Beere der Welt – botanisch betrachtet gehört der Kürbis zu den Früchten – ist kalorienarm, liefert Ballaststoffe, Mineralien, Vitamine und Carotinoide. Kürbis fördert die Verdauung, stärkt das Immunsystem und wirkt gegen freie Radikale. Zu den beliebtesten zählt der japanische Hokkaido-Kürbis. Der kleine, sattorange Kürbis ist besonders aromatisch und muss nicht geschält werden. Sie können ihn dämpfen, braten, im Ofen backen und pürieren.

5 MÖHRE

Schon die leuchtendorange Farbe verrät es: Das Wurzelgemüse ist prallvoll mit Carotinoiden, die das Herz schützen, Augen und Lungen stärken und auch den Cholesterinspiegel senken können. Außerdem ist die Möhre reich an Ballaststoffen, Vitamin C und E, Kalzium und Kalium. Die wertvollen Inhaltsstoffe kann der Körper schneller und besser verwerten, wenn das Gemüse leicht gegart und mit etwas Fett gegessen wird.

4 RADICCHIO

Roter Radicchio stammt aus Italien, wo man die Blätter nicht nur als Salat, sondern auch gerne als Gemüse zubereitet – in Butter oder Öl gedünstet und mit frisch gemahlenem Pfeffer gewürzt. Radicchio ist verwandt mit Chicorée, beide zeichnen sich in puncto Gesundheit vor allem durch ihre Bitterstoffe aus. Diese Stoffe regen Verdauung und Stoffwechsel an und sind gut für Leber- und Gallenfunktion. Heutzutage essen wir viel zu wenige Bitterstoffe, also ruhig öfter mal Radicchio oder Artischocken zubereiten.

TO GO

ALLES FÜR DIE VEGGIE-GRILLPARTY

Warum haben sich bisher keine Gemüsegeschäfte darauf spezialisiert, für die Grillsaison vormarinierte Gemüse anzubieten? So wie die Metzger jeden Sommer Steaks einlegen? Egal, Sie können das auch sehr gut selber machen. Für die Veggie-Grillparty gibt es nur zwei Grundregeln: 1. Hartes Gemüse vorgaren und marinieren, weiches Gemüse wie Zucchini und Auberginen in Scheiben schneiden und sofort grillen. 2. Leckere Dips vorbereiten!

1

1 KOKOSÖL MIT KRÄUTERN

Für 6 – 8 Personen: 1 Stück frischen Ingwer (ca. 3 cm) schälen und fein reiben. 1 rote Chilischote waschen, putzen und hacken. 1 Bio-Limette heiß waschen und abtrocknen, Schale abreiben und Saft auspressen. 4 Thaischalotten oder 2 Schalotten schälen, klein würfeln und in 1 EL Sesamöl glasig dünsten. Ingwer, Chili und Limettenschale kurz mitdünsten, Limettensaft zufügen und einkochen lassen. Je 1 TL Kurkuma- und Korianderpulver unterrühren. Alles kräftig salzen und pfeffern. 1 Bund Thaibasilikum oder Koriandergrün waschen und trocken schütteln, die Blätter hacken. 250 ml Kokosöl mit den Quirlen des Handrührgeräts in 5 Min. cremig schlagen, ½ TL Salz, die Gewürzmischung und Kräuter unterrühren. Dann in den Kühlschrank stellen und wie Kräuterbutter verwenden (z. B. zu gegrilltem Mais).

2

2 GRILLGEMÜSE

Für 4 Personen: Ofen auf 200° (Umluft 180°) vorheizen. 1 kg eher feste Gemüsesorten, wie z. B. Hokkaido-Kürbis, Petersilienwurzeln oder Rote Beten, waschen und abtrocknen. Gemüse putzen, schälen und in ca. 1 cm dicke Scheiben schneiden. Ein Backblech mit 1 EL Olivenöl einfetten. Die Gemüsescheiben darauf verteilen, leicht salzen und im Backofen (Mitte) in 10 – 12 Min. bissfest backen. Herausnehmen und abkühlen lassen. Den Saft von 1 Zitrone mit Salz und Pfeffer würzen. Ein paar Rosmarinnadeln oder Salbeiblätter und 1 angequetschte Knoblauchzehe mit Schale dazugeben. 3 EL Olivenöl unterrühren und mit dem Gemüse mischen. Abgedeckt marinieren lassen. Einen Holzkohle- oder Gasgrill vorheizen. Gemüse aus der Marinade nehmen und von beiden Seiten 5 – 7 Min. grillen.

3

3 KARTOFFELSPIESSCHEN

Für 4 Personen: 600 g kleine neue Kartoffeln in kaltem Wasser sauber bürsten und in Salzwasser in 15 – 20 Min. bissfest garen. Kartoffeln abgießen, kalt abschrecken, abtropfen lassen und halbieren. Größere Exemplare in fingerdicke Scheiben schneiden. Einen Holzkohle- oder Gasgrill vorheizen. Kartoffeln mit 1 – 2 EL Olivenöl mischen. 4 – 5 Kartoffelhälften oder -scheiben jeweils auf zwei parallel liegende Schaschlikspieße stecken – damit sie sich nicht verdrehen. Mit der Schnittfläche auf dem heißen Grill in 5 – 7 Min. goldbraun garen.

SPARGEL MIT VEGANER HOLLANDAISE

Zutaten für 4 Personen:
2 Schalotten
1 Tomate
1 TL schwarze Pfefferkörner
3 EL Weißweinessig
75 ml Weißwein
1 kg grüner Spargel
1 Bund Schnittlauch
100 ml Rapsöl
3 EL Sojasahne (oder Seidentofu)
Salz
1 Prise Cayennepfeffer
1 – 2 TL Moringapulver

~

30 Min. Zubereitung
Pro Portion: ca. 290 kcal, 4 g EW, 26 g F, 6 g KH

~

1 Für den Würzsud die Schalotten schälen und in Scheiben schneiden. Die Tomate waschen und ohne Stielansatz würfeln. Die Pfefferkörner in einem Mörser grob anquetschen. Schalotte, Tomate, Pfeffer, Essig, Wein und 6 EL Wasser in einen kleinen Topf geben und offen bei großer Hitze um ein Drittel einkochen lassen, dann durch ein Sieb gießen. Falls mehr als 75 ml übrig sind, noch etwas mehr einkochen lassen.

2 Den Spargel waschen, falls nötig schälen und die holzigen Enden abschneiden. Den Spargel in einen Dämpfeinsatz geben. In einen passenden Topf 2 – 3 cm hoch Wasser gießen und aufkochen. Den Dämpfeinsatz hineinstellen und den Spargel 12 – 15 Min. dämpfen.

3 Für die Sauce Schnittlauch waschen, trocken schütteln und in Röllchen schneiden. Rapsöl in einem kleinen Topf lauwarm erwärmen. Den Würzsud noch einmal aufkochen und in ein Rührgefäß geben. Sojasahne dazugeben und alles mit einem Pürierstab mixen, nach und nach das warme Rapsöl dazugeben und untermixen. Die Schnittlauchröllchen unter die Sauce rühren. Mit Salz und Cayennepfeffer würzen und mit dem Moringapulver abschmecken. Den Spargel mit der Sauce anrichten. Dazu passen Salzkartoffeln, Linsenfrikadellen (siehe S. 138) oder Quinoa-Burger (siehe S. 136).

Tipp

Der Spargel wird sanft über Wasserdampf gegart. Er kommt weder mit Fett noch mit Garflüssigkeit in Berührung, Eigenaroma und frische Farbe bleiben erhalten.

GOJIBEEREN-SPINAT

HONIGMÖHREN MIT HANF

SOJABOHNENSPROSSEN
AUS DEM WOK

SOJABOHNENSPROSSEN AUS DEM WOK

Zutaten für 4 Personen:
200 g Möhren
1 Bund Frühlingszwiebeln
1 Knoblauchzehe
1 Stück frischer Ingwer (ca. 2 cm)
1 rote Chilischote
200 g Sojabohnensprossen
2 EL Rapsöl
Salz
1 EL Garam Masala (oder ein anderes Currygewürz)
2 EL Sojasauce
100 ml Gemüsebrühe
1 Bund Koriandergrün

~

15 Min. Zubereitung
Pro Portion: ca. 110 kcal, 4 g EW, 6 g F, 9 g KH

~

1 Möhren putzen, schälen, längs halbieren und die Hälften schräg in Scheiben schneiden. Frühlingszwiebeln putzen, waschen und in Ringe schneiden. Knoblauch und Ingwer schälen. Chilischote waschen und putzen. Knoblauch, Ingwer und Chili hacken. Sojabohnensprossen in einem Sieb waschen, verlesen und abtropfen lassen.

2 Das Rapsöl in einem Wok oder in einer großen Pfanne erhitzen, die Möhren darin bei großer Hitze 2–3 Min. braten. Sojabohnensprossen, Frühlingszwiebeln, Knoblauch und Chili dazugeben und unter Rühren ca. 1 Min. weiterbraten. Gemüse mit Salz und Garam Masala würzen und einmal umrühren. Dann mit Sojasauce und Gemüsebrühe ablöschen und in ca. 1 Min. einkochen lassen. Das Koriandergrün waschen und trocken schütteln, die Blätter zerzupfen. Das Sprossengemüse anrichten und mit dem Koriandergrün bestreuen. Dazu passt Kartoffelpüree.

Tipp

Garam Masala ist nicht so scharf wie viele andere Gewürze in der indischen Küche, denn das Pulver enthält weder Chilis noch Kurkuma. Das Gewürz ähnelt vielen Currymischungen und es gibt auch mindestens genauso viele Varianten wie von Curry.

GOJIBEEREN-SPINAT

Für 4 Personen:
2 – 3 EL getrocknete Gojibeeren
4 EL Mirin (japanischer Reiswein)
400 g Blattspinat (z. B. Wurzelspinat)
1 Knoblauchzehe
3 EL Sesamsamen
Salz
4 EL Olivenöl

~

45 Min. Zubereitung
Pro Portion: ca. 205 kcal, 4 g EW, 14 g F, 12 g KH

~

1 Gojibeeren in Mirin ca. 30 Min. einweichen. Inzwischen den Spinat waschen, verlesen und dicke Stiele entfernen. Knoblauch samt Schale leicht anquetschen. Sesamsamen hellbraun rösten, herausnehmen und abkühlen lassen. Mit 1 TL Salz im Mörser pulverisieren.

2 2 EL Öl in einem Wok erhitzen, die Hälfte von dem Spinat und Knoblauch darin bei großer Hitze ca. 2 Min. braten, zwischendurch wenden. Spinat und Knoblauch herausnehmen, den Wok mit Küchenpapier auswischen. Übriges Öl, Knoblauch und übrigen Spinat in den Wok geben und ca. 2 Min. braten.

3 Die Gojibeeren abgießen, dabei das Einweichwasser auffangen und mit der ersten Spinathälfte in den Wok geben, bei großer Hitze 2 – 3 Min. einkochen lassen. Spinat mit Sesamsalz würzen, mit den Gojibeeren locker mischen.

HONIGMÖHREN MIT HANF

Zutaten für 4 Personen:
2 EL geschälte Hanfsamen
Salz, 600 g Möhren
2 EL Rapsöl (oder Hanföl)
1 Prise frisch geriebene Muskatnuss
½ Bund Petersilie
2 TL Honig

~

20 Min. Zubereitung
Pro Portion: ca. 120 kcal, 3 g EW, 7 g F, 10 g KH

~

1 Die Hanfsamen in einer kleinen beschichteten Pfanne ohne Fett unter Rühren hellbraun rösten. Danach die Hanfsamen herausnehmen und abkühlen lassen, dann leicht salzen.

2 Möhren putzen, schälen, längs halbieren und die Hälften schräg in große Stücke schneiden. Rapsöl in einem Topf erhitzen, Möhren und 3 EL Wasser dazugeben und zugedeckt bei mittlerer Hitze ca. 10 Min. dünsten. Die Möhren mit Salz und Muskat würzen.

3 Petersilie waschen und trocken schütteln, die Blätter abzupfen, hacken und zu den Möhren geben. Den Topf beiseitestellen, den Honig zugeben und unter die Möhren rühren. Möhren anrichten und mit Hanfsamen bestreuen. Dazu passt Kartoffelpüree.

ROSENKOHL-KARTOFFEL-GULASCH

Zutaten für 4 Personen:
600 g festkochende Kartoffeln
600 g Rosenkohl
3 Zwiebeln
3 – 4 Knoblauchzehen
1 Fenchelknolle
3 EL Olivenöl
Salz (oder Rauchsalz, siehe Tipp S. 44)
400 g Kirschtomaten (Dose oder frisch)
Pfeffer
3 – 4 TL Ras el Hanout
150 g Mungobohnenkeimlinge
4 EL Quinoa-Crunch (siehe Tipp auf dieser Seite)

~

45 Min. Zubereitung
Pro Portion: ca. 270 kcal, 12 g EW, 9 g F, 34 g KH

~

1 Kartoffeln schälen, waschen und in Stücke schneiden. Rosenkohl waschen, putzen und die Röschen halbieren. Zwiebeln und Knoblauch schälen und hacken. Fenchelknolle putzen, waschen, halbieren und den Strunk entfernen. Die Hälften in Würfel schneiden.

2 Olivenöl in einem Topf erhitzen, Zwiebel und Knoblauch darin glasig dünsten. Kartoffeln dazugeben, 3 – 4 Min. anbraten und mit Salz würzen. Dann die Tomaten (frische Tomaten zuvor waschen und halbieren) und 400 ml Wasser dazugeben, alles mit Salz, Pfeffer und Ras el Hanout kräftig würzen.

3 Alles zugedeckt bei mittlerer Hitze ca. 10 Min. köcheln lassen. Inzwischen die Keimlinge kalt abbrausen und abtropfen lassen. Den Rosenkohl unter die Kartoffeln mischen und das Gulasch in weiteren 5 Min. fertig kochen. Die Keimlinge dazugeben und kurz unterrühren. Gulasch anrichten und mit Quinoa-Crunch bestreuen.

Tipp – Quinoa-Crunch

Knusprig gerösteter Quinoa gibt nicht nur diesem Gulasch etwas Biss, sondern auch anderen Gemüsegerichten, Salaten, Suppen, Fruchtsalat und Desserts. 100 – 150 g Quinoa in Wasser 30 Min. einweichen, dann in ein Sieb abgießen, kalt abbrausen und abtropfen lassen. In einer beschichteten Pfanne ohne Fett bei kleiner Hitze unter Rühren 16 – 18 Min. rösten. Je nach Verwendung leicht salzen oder süßen. Quinoa-Crunch sofort verwenden oder abkühlen lassen und in einem Schraubglas ein paar Tage aufbewahren. Veggie-Alternative: Gulasch mit frisch geriebenem Parmesan oder Pecorino bestreuen.

GRÜNES THAI-CURRY MIT KOKOSMILCH

Zutaten für 4 Personen

Für die Currypaste:
4 EL Cashewnusskerne
1 – 2 Vogelaugenchilis (Asienladen)
1 Stück frischer Ingwer (ca. 3 cm)
1 Stück frische Kurkuma (ca. 3 cm)
1 Stängel Zitronengras
1 Bio-Limette
1 Bund Koriandergrün (möglichst mit Wurzeln, Asienladen)
2 EL helle Misopaste (z. B. Shiro-Miso)
400 ml Kokosmilch, Salz

Für das Curry:
10 Thaischalotten
100 g Babymais
150 g Physalis
200 g Zuckerschoten
200 g Brokkoli
80 g Sojabohnensprossen
150 g Babyspinat
2 EL Kokosöl

~

40 Min. Zubereitung
2 Std. Einweichen
Pro Portion: ca. 390 kcal, 11 g EW, 28 g F, 24 g KH

~

1 Cashewnusskerne in Wasser ca. 2 Std. einweichen. Chilis längs halbieren, entkernen, waschen und grob hacken. Ingwer und Kurkuma schälen und hacken. Die äußeren Zitronengrasblätter entfernen, die Enden abschneiden. Das Mittelstück längs vierteln und quer in Streifen schneiden. Die Limette heiß waschen, abtrocknen und 1 TL Schale abreiben. Koriandergrün und -wurzeln waschen, die Wurzeln hacken und die Blätter abzupfen. Cashewnusskerne abgießen, abbrausen und abtropfen lassen. Mit vorbereiteten Zutaten, Misopaste und 100 ml Kokosmilch pürieren, salzen.

2 Die Thaischalotten schälen, waschen und in Scheiben schneiden. Den Babymais waschen, in Scheiben schneiden. Die Physalis aus den Hüllen lösen, waschen und halbieren. Die Zuckerschoten waschen, putzen und dritteln. Den Brokkoli putzen, waschen und grob raspeln. Brokkolistiel schälen, in Scheiben schneiden. Keimlinge und Spinat waschen, verlesen und trocken schleudern.

3 Kokosöl in einem Wok erhitzen, Currypaste darin ca. 1 Min. anbraten. Gemüse, Sprossen und Kokosmilch dazugeben, alles aufkochen und zugedeckt 8 – 10 Min. kochen lassen. Die Physalis dazugeben und heiß werden lassen. Curry mit Salz abschmecken.

Tipp

Schneller geht's mit einer fertigen Currypaste. Die aus dem Bioladen enthalten weniger oder gar keine Geschmacksverstärker als vergleichbare Produkte aus dem Asienladen. Etwa 3 EL davon mit 200 ml Kokosmilch verrühren und wie im Rezept beschrieben verarbeiten – zum Schluss je nach Currypaste eventuell etwas nachdosieren und noch einmal aufkochen.

KARTOFFELCURRY MIT KICHERERBSEN

Zutaten für 4 Personen:
500 g festkochende Kartoffeln
500 g Mangold (oder Grünkohl)
1 Dose Kichererbsen
(ca. 400 g Inhalt)
1 Zwiebel
2 Knoblauchzehen
1 Stück frischer Ingwer (ca. 4 cm)
2 EL Rapsöl
Salz
2 EL Currypulver
400 g stückige Tomaten (oder frische gewürfelte Tomaten)
250 ml Gemüsebrühe
1 rote Chilischote (nach Belieben)
1 kleine Handvoll Linsensprossen
(siehe S. 76)

~

35 Min. Zubereitung
Pro Portion: ca. 240 kcal,
11 g EW, 7 g F, 32 g KH

~

1 Die Kartoffeln schälen, waschen und ca. 2 cm groß würfeln. Den Mangold waschen und abtropfen lassen. Die Stiele abschneiden, längs halbieren und quer klein schneiden. Die Mangoldblätter in breite Streifen schneiden. Die Kichererbsen in ein Sieb abgießen, kalt abbrausen und abtropfen lassen.

2 Zwiebel, Knoblauch und Ingwer schälen. Die Zwiebel wie die Mangoldstiele klein schneiden, Knoblauch und Ingwer hacken. Öl in einer beschichteten Pfanne erhitzen, die Kartoffeln darin erst zugedeckt, dann leicht geöffnet bei mittlerer bis großer Hitze ca. 10 Min. braten, zwischendurch umrühren. Die Kartoffeln salzen. Mangoldstiele, Zwiebel, Knoblauch und Ingwer dazugeben und ca. 2 Min. mitbraten. Currypulver unterrühren und einige Sekunden anschwitzen. Tomaten und Kichererbsen hinzufügen, Gemüsebrühe oder Wasser dazugießen und aufkochen.

3 Kartoffelcurry zugedeckt bei mittlerer Hitze ca. 7 Min. kochen lassen, mit Salz und Currypulver würzen. Mangoldstreifen dazugeben und 2–3 Min. kochen lassen, bis die Blätter zusammenfallen. Die Sprossen abbrausen und abtropfen lassen. Nach Belieben die Chilischote waschen, putzen und in Ringe schneiden. Das Kartoffelcurry anrichten, Chiliringe und Sprossen daraufgeben.

Tipp

Noch feiner schmeckt das Curry mit einem Klecks Cashew-Crème-fraîche (siehe S. 100) obendrauf. Anstelle von Kichererbsen passen auch andere Hülsenfrüchte dazu, zum Beispiel 150 g rote Linsen – diese einfach separat in 600 ml Wasser oder Brühe in ca. 18 Min. garen, abgießen und statt Kichererbsen zum Curry geben.

SÜSSKARTOFFELN AUS DEM WOK MIT TEMPEH

Tempeh ist eine perfekte Quelle für Pflanzeneiweiß: Schmeckt viel besser als Tofu und ist sehr gesund. Anders als viele Fleischersatzprodukte, ist es weder stark verarbeitet noch enthält Tempeh so viel Gluten wie beispielsweise Seitan.

Zutaten für 4 Personen:
200 g Quinoa
200 g Tempeh
2 Knoblauchzehen
1 Bio-Orange
4 EL Sojasauce
1 EL Kokosblütensirup
5 EL stückige Tomaten (Tetrapak)
500 g Süßkartoffeln
200 g junger Blattspinat
6 – 8 EL Rapsöl
Salz, Pfeffer
250 ml Gemüsebrühe
1 Prise Kreuzkümmel

~

35 Min. Zubereitung
Pro Portion ca 585 kcal, 20 g EW, 27 g F, 62 g KH

~

Tipp
Einige Löffel stückige oder passierte Tomaten sind wie ein Gewürz und sorgen für säuerliche Frische.

1 Die Quinoa in Wasser ca. 5 Min. einweichen, dann in einem Sieb waschen und abtropfen lassen. Quinoa mit 400 ml Wasser in einen kleinen Topf geben, aufkochen und zugedeckt bei mittlerer Hitze in 15 – 17 Min. bissfest, bis kein Wasser mehr übrig ist. Dann den Topf beiseitestellen und Quinoa etwas ausdampfen lassen.

2 Inzwischen Tempeh ca. 1 cm groß würfeln. Knoblauch schälen und hacken. Die Orange heiß waschen und abtrocknen, die Schale abreiben und den Saft auspressen. Beides mit Sojasauce, Kokosblütensirup, Knoblauch und Tomaten verrühren.

3 Süßkartoffeln waschen oder schälen und ca. 2 cm groß würfeln. Spinat waschen, verlesen und gut abtropfen lassen. 3 – 4 EL Rapsöl in einer großen Pfanne oder im Wok erhitzen, die Süßkartoffeln darin zugedeckt bei mittlerer Hitze ca. 5 Min. braten, dann leicht geöffnet weitere 5 Min. braten, zwischendurch umrühren. Die Süßkartoffeln salzen, pfeffern und in eine Schüssel geben.

4 Die Pfanne oder den Wok mit Küchenpapier auswischen. Restliches Öl darin erhitzen, die Tempehwürfel darin bei großer Hitze in ca. 3 Min. knusprig braun braten, dabei ab und zu umrühren. Spinat und Süßkartoffeln dazugeben, die Soja-Orangen-Tomaten-Marinade dazugießen. Alles zugedeckt dünsten, bis der Spinat zusammenfällt. Die Gemüsebrühe dazugießen und 4 – 5 Min. kochen lassen. Mit Salz, Pfeffer und Kreuzkümmel würzen. Quinoa entweder unter das Gemüse mischen und erwärmen oder separat dazu servieren.

OFEN-BROKKOLI MIT KURKUMAPÜREE

Eine Zeit lang war Brokkoli der Star im Gemüsebeet, dann wieder völlig vergessen. Jetzt feiert er ein Comeback. Zum Glück, denn Brokkoli enthält jede Menge Chlorophyll und sekundäre Pflanzenstoffe, die ihn so gesund machen.

Zutaten für 4 Personen:
1 kg mehligkochende Kartoffeln
Salz
50 g frische Kurkuma
2 Knoblauchzehen
1 Bund Salbei
4 EL Kokosöl
250 g Hafersahne (Veggie-Variante: Sahne oder Milch)
1 Prise frisch geriebene Muskatnuss
800 g Brokkoli
400 g kleine Zwiebeln
1 rote Chilischote
3 EL Tahin (Sesammus)
2 EL Zitronensaft

~

45 Min. Zubereitung
Pro Portion: ca. 450 kcal, 12 g EW, 25 g F, 41 g KH

~

1 Für das Püree die Kartoffeln schälen, waschen und in Stücke schneiden. In kochendem Salzwasser in ca. 20 Min. garen. Inzwischen Kurkuma und Knoblauch schälen und hacken. Salbeiblätter abreiben und zweimal durchschneiden. 2 EL Kokosöl erhitzen, Salbei darin bei mittlerer Hitze in ca. 1 Min. knusprig backen. Herausnehmen, auf Küchenpapier entfetten, leicht salzen. Kurkuma und Knoblauch ins Salbeiöl geben und kurz rösten. Mit Hafersahne ablöschen, mit Salz und Muskat kräftig würzen. Den Topf beiseitestellen.

2 Backofen auf 220° (Umluft 200°) vorheizen. Ein Backblech mit Backpapier auslegen. Brokkoli waschen und in Röschen teilen, den Stiel schälen und in ca. 3 cm dicke Scheiben schneiden. Zwiebeln schälen und in Spalten schneiden, sodass der Wurzelansatz die einzelnen Spalten zusammenhält. Chilischote putzen, waschen und in Ringe schneiden. 2 EL Kokosöl zerlassen. Mit Chili, Tahin, Zitronensaft und Salz verrühren, Brokkoli und Zwiebeln darin vorsichtig wenden, sodass die Zwiebelspalten am Stück bleiben. Das Gemüse auf dem Blech verteilen und im Ofen (Mitte) ca. 15 Min. backen. Zwischendurch 1- bis 2-mal wenden.

3 Gewürzte Hafersahne noch einmal aufkochen. Kartoffeln abgießen und durch die Kartoffelpresse in die Hafersahne drücken und verrühren. Oder in die Hafersahne geben und mit einem Kartoffelstampfer grob zerstampfen. Püree mit Ofengemüse anrichten und den Salbei über das Püree streuen.

GRATINIERTER THYMIAN-KÜRBIS

Auf japanisch heißt der kleinste unter den Kürbissen »Kuri aji«. »Kuri« heißt Kastanie und »aji« Geschmack. Und das trifft es sehr gut, denn der leuchtend orangefarbene Kürbis aus Hokkaido schmeckt leicht nach gerösteten Edelkastanien.

Zutaten für 4 Personen:
800 g Hokkaido-Kürbis
½ Bund Thymian
1 Bio-Zitrone
2 EL Ahornsirup
200 ml Reismilch
Salz, Pfeffer
3 EL Kürbiskerne
75 g Lebkuchen (ohne Glasur, oder Gebäck wie Cantucci)
1 TL Wacholderbeeren
3 EL Olivenöl
1 Bund Löwenzahn (oder andere Wildkräuter)

~

45 Min. Zubereitung
Pro Portion: ca. 290 kcal, 5 g EW, 14 g F, 31 g KH

~

1 Backofen auf 200° (Umluft 180°) vorheizen. Kürbis waschen und halbieren, die Kerne und Fasern entfernen. Den Kürbis erst in Spalten und dann in große Stücke schneiden. Den Thymian waschen und trocken schütteln, die Blättchen abstreifen und hacken. Die Zitrone heiß waschen und abtrocknen, die Schale fein abreiben und den Saft auspressen. Zitronensaft und -schale mit Ahornsirup, Reismilch und Thymian mischen, mit Salz und Pfeffer würzen. Die Kürbisstücke untermischen, in eine Auflaufform (30 × 20 cm) geben und die Form mit Alufolie abdecken. Kürbis im Ofen (Mitte) ca. 25 Min. garen. Die Folie entfernen und den Kürbis offen in weiteren 15 Min. fertig garen, dabei soll der Saft etwas einkochen.

2 Inzwischen die Kürbiskerne ohne Fett rösten, bis sie duften. Die Kerne abkühlen lassen, grob hacken und leicht salzen. Lebkuchen und Wacholderbeeren im Blitzhacker zerkleinern, mit den Kürbiskernen und 2 EL Olivenöl mischen. Die Brösel etwa 5 Min. vor dem Garzeitende über den Kürbis streuen.

3 Den Löwenzahn waschen, verlesen, trocken schleudern und grob zerkleinern, dabei die Stiele entfernen. Löwenzahn mit dem übrigen Olivenöl mischen und leicht salzen. Kürbis aus dem Ofen nehmen mit Löwenzahn garnieren.

MANGOLDPÄCKCHEN MIT TEMPEH

Zutaten für 4 Personen:
Salz
250 g Naturreis
ca. 25 kleine Mangoldblätter
(von ca. 750 g Mangold)
3 EL gemahlene Leinsamen
(oder Chiasamen)
1 Zwiebel
150 g Tempeh
1 Bund Dill (oder Petersilie)
2 EL Olivenöl
1 Avocado
Pfeffer

~

55 Min. Zubereitung
Pro Portion: ca. 500 kcal,
18 g EW, 25 g F, 49 g KH

~

1 650 ml Wasser und 1 Prise Salz aufkochen, Reis darin zugedeckt bei kleiner Hitze ca. 40 Min. kochen, dann offen bei großer Hitze kochen, bis das Wasser verkocht ist. Mangoldblätter waschen. Stiele abschneiden, 200 g davon quer in dünne Scheiben schneiden. Einen Dämpfkorb auf einen Wok mit etwas Wasser setzen, das Wasser aufkochen. Mangoldblätter im Dämpfeinsatz in mehreren Portionen jeweils 2 – 3 Min. dämpfen. Blätter kalt abschrecken, abtropfen lassen.

2 Für die Füllung Leinsamen mit 6 EL Wasser verrühren. Zwiebel schälen und würfeln. Tempeh hacken. Dill waschen und trocken schütteln, die Spitzen hacken. Öl erhitzen, Zwiebel, Mangoldstiele und 1 Prise Salz darin ca. 3 Min. dünsten. Tempeh und Dill unterrühren, salzen und pfeffern. Die Mischung beiseitestellen. Avocado halbieren und den Kern entfernen. Fruchtfleisch herauslösen und mit Reis, Leinsamenpaste und Zwiebelmischung vermengen.

3 Mangoldblätter flach ausbreiten. Auf die breite Seite jeweils 1 – 2 EL Füllung geben. Die Blätter seitlich einschlagen und eng aufrollen. In einem Dämpfkorb über kochendem Wasser 6 – 8 Min. dämpfen. Dazu passt vegane Bratensauce (siehe Tipp).

Tipp – Vegane Bratensauce

Dafür 1 Zwiebel, 2 Knoblauchzehen und 200 g Wurzelgemüse putzen, schälen, würfeln. 2 EL Olivenöl erhitzen, Zwiebel, Knoblauch, Gemüse und 1 Prise Salz darin 3 Min. anbraten. Mit 1 – 2 TL Mehl bestreuen, 2 Min. mitrösten. 2 EL passierte Tomaten und 1 EL gehackte Kräuter wie Salbei, Rosmarin oder Thymian unterrühren. 2 EL Sojasauce und 250 ml Gemüsebrühe dazugießen, aufkochen, 10 Min. köcheln lassen. Salzen und pfeffern.

Out of the Pantry

SENF, SALSA UND CHUTNEY

Gedünstete Möhren können superleicht zu einem wunderbaren Essen werden – mit einem raffinierten Gewürz oder mit einem Dip, der genau passt. In einem perfekten Dip sind süß, sauer und salzig harmonisch kombiniert. Auch gut: knackige und cremige Bestandteile. Aber vor allem soll der Dip unsere Geschmacksknospen ein bisschen überraschen. Hier drei einfache Beispiele, die besonders gut zu gedünstetem, gegrilltem oder rohem Gemüse passen.

1 AUBERGINEN-NUSS-SALSA

Für 6 – 8 Personen: 1 kg Auberginen waschen, putzen und längs halbieren, die Schnittflächen im Abstand von ca. 2 cm kreuzweise tief einschneiden. Auberginen auf einem Gitterrost im Ofen (Mitte) bei 180° Umluft in 1 Std. 30 Min. garen. Dabei ab und zu den Ofen kurz öffnen, damit die Feuchtigkeit entweichen kann. Herausnehmen, das Fruchtfleisch aus der Schale lösen und mit einer Gabel zerdrücken. 50 g Walnusskerne hacken, mit 1 Prise Salz in einer Pfanne unter Rühren in 5 Min. hellbraun rösten. 1 TL Paprikapulver, ½ TL gemahlener Kardamom und 1 Prise Zimtpulver unterrühren. Nüsse herausnehmen und mit Auberginenpüree mischen. ½ Bund Minze waschen und trocken schütteln, die Blätter abzupfen, hacken und unter den Dip mischen. Dann nach Belieben mit 3 – 4 EL Granatapfelsaft säuerlich abschmecken und mit Granatapfelkernen garnieren.

2 CHIA-GOJIBEEREN-SENF

Für 6 – 8 Personen: 2 EL Gojibeeren in 100 ml kaltem Wasser einweichen. Inzwischen 2 EL Chiasamen in einem Blitzhacker grob zerkleinern. Die Chiasamen mit 100 g Fruchtfleisch von Mango oder Aprikosen, 3 EL Limettensaft und 1 EL Kokosblütensirup in einem hohen Gefäß mit einem Pürierstab fein pürieren. Gojibeeren und Einweichwasser unterrühren. Nach Geschmack mit Chilipulver und Salz würzen.

3 FRISCHES SUPERCHUTNEY

Für 6 – 8 Personen: 100 g rote Linsen in einer Pfanne ohne Fett unter Rühren 15 Min. rösten. (Es werden nur 2 EL davon gebraucht. Den Rest als Bindemittel für Gemüsesuppen verwenden.) Linsen herausnehmen und abkühlen, dann mit 1 kräftigen Prise Salz im Blitzhacker mahlen. 1 TL Kreuzkümmel ohne Fett rösten. 1 – 2 milde Chilischoten längs halbieren, entkernen, waschen und grob hacken. 2 Bund Koriandergrün waschen und trocken schütteln, die Blätter abzupfen. 10 Physalis von den Hüllen lösen, waschen und halbieren. 2 Tomaten waschen und ohne Stielansätze würfeln. 1 Stück frischen Ingwer (ca. 3 cm) schälen und hacken. 2 EL geröstetes Linsenpulver mit den vorbereiteten Zutaten, 2 EL Zitronensaft und 1 Prise Salz im Blitzhacker zu einer Paste verarbeiten. 1 TL Kurkumapulver unterrühren.

QUINOA & PASTA

Sie machen schön satt, spenden Kraft und stärken die Nerven: Quinoa, Kartoffeln, Reis, Hülsenfrüchte und Nudeln. Schlau kombiniert mit Superfood wird aus diesem Comfort Food auch noch was richtig Gesundes. Quinoa-Burger, Linsenfrikadellen, Samosas mit Buchweizen oder Kürbisgnocchi mit Chiasamen haben ganz bestimmt das Zeug zum Lieblingsessen.

KLEINE SAMEN GANZ GROSS

Sie sehen aus wie Getreide, sind aber botanisch kein Getreide. Deshalb heißen Quinoa, Amarant und Co. auch Pseudogetreide. In den kleinen Samen steckt kein Gluten, dafür jede Menge Protein und Mikronährstoffe. Zum Backen eignet sich Mehl aus Pseudogetreide vor allem für Teig, der nicht aufgehen muss, wie bei Pfannkuchen oder Muffins. Für luftiges fluffiges Gebäck wie Baguette oder Hefeteilchen ist es ungeeignet.

1

1 AMARANT
Die kleinen Samen mit heißem Wasser gut abbrausen, dann mit der dreifachen Menge Wasser wie Reis kochen. So macht Amarant sich gut in Aufläufen oder Bratlingen. Gemahlen, kann er ein Viertel des Mehls für Brot- oder Kuchenteige ersetzen – die werden so aromatischer. Für Amarant-Popcorn eine Pfanne mit geschlossenem Deckel ohne Fett stark erhitzen, Samen dazugeben und die Pfanne von der Herdplatte ziehen. Kurz umrühren, bis die Körner beginnen zu poppen. Schmeckt luftig-knusprig – ist super fürs Müsli!

2 TEFF
Die winzigen Körner von Teff heißen auch Zwerghirse. Die Hirseart aus Äthiopien schmeckt leicht nussig-süß und wirkt basisch. Teff ist schon nach etwa 5 Min. Kochzeit gar. Vorher die Körner in einem Sieb gründlich mit heißem Wasser abbrausen, sie können sonst bitter schmecken. Wenn Sie Teff roh verwenden wollen, zuerst mit Wasser bedeckt einweichen. Das ganze Korn eignet sich für Süßes und Pikantes wie Aufläufe, Suppen und Bratlinge, Teffmehl für Kuchen oder Pfannkuchen.

2

3 BUCHWEIZEN

Auch Buchweizen, ein Rhabarbergewächs, ist eine prima Quelle für leicht verdauliches Eiweiß. Gekocht, passt er in Suppen oder Salate. Flocken und gekeimter Buchweizen schmecken im Müsli. Buchweizenmehl ist gut für herzhafte Pfannkuchen, Blinis oder Mürbeteig. Außerdem keimen die dreieckigen Körnchen schnell: Die Keimlinge strotzen von Vitalstoffen und geben Salaten und Gemüsegerichten den Superfood-Kick.

4 KANIWA

Klein, aber fein – in den dunklen Samen von Kaniva oder Canihua stecken viel Protein, Ballast- und Mineralstoffe. Die Pflanze ist botanisch mit Quinoa und Amaranth verwandt, stammt wie sie aus den Anden. Der kleine Unterschied: Kaniwa schmeckt süß und ein bisschen nach Schokolade. Wenn Sie die Samen vor dem Kochen anrösten, schmecken sie noch aromatischer und passen gut in deftige Eintöpfe. Kaniwamehl eignet sich für süße und herzhafte Gebäckteige, bei denen es kein Klebereiweiß braucht. Gepoppt schmecken die Samen in Müslis und Desserts.

5 QUINOA

Das Inkakorn ist mit Spinat verwandt. Was die Proteine angeht, liefert Quinoa das Komplettprogramm – als eine der sehr wenigen Pflanzen enthält sie alle essenziellen Aminosäuren. Die klassische Variante des Inkakorns ist gelb, eine rote nussiger, die schwarze bissfester. Alle drei können gekocht, zu Mehl verarbeitet oder wie Popcorn gepoppt werden. Vor jeder Weiterverarbeitung 5 Min. in Wasser einweichen, dann gründlich die bitteren Saponine an den Außenschalen abwaschen. Quinoa wie Reis in doppelter Menge Wasser 15 – 17 Min. bei kleiner Hitze köcheln lassen.

QUINOA-BURGER MIT SPINAT

Zutaten für 24 Stück:
250 g Quinoa
200 g TK-Blattspinat
1 Zwiebel
1 Apfel
1 rote Chilischote
5 EL Rapsöl
Salz
1 Prise gemahlener Kreuzkümmel
80 g gemahlene Chiasamen

~

35 Min. Zubereitung
10 Min. Quellen
Pro Stück: ca. 75 kcal, 2 g EW, 4 g F, 7 g KH

~

1 Quinoa in kaltem Wasser 5 Min. einweichen, anschließend waschen und abtropfen lassen. Quinoa und 500 ml Wasser in einem kleinen Topf aufkochen, dann zugedeckt bei mittlerer Hitze in 15 – 17 Min. bissfest garen, bis kein Wasser mehr übrig ist. Falls doch noch Flüssigkeit da ist, diese offen bei großer Hitze einkochen lassen. Den Topf beiseitestellen und Quinoa etwas ausdampfen lassen.

2 Inzwischen den Spinat auftauen lassen. Zwiebel schälen und klein würfeln. Apfel waschen, vierteln, entkernen und die Viertel in kleine Würfel schneiden. Chilischote längs halbieren, entkernen, waschen und ebenfalls würfeln. 3 EL Rapsöl erhitzen, Zwiebel, Apfel, Chili und 1 Prise Salz darin ca. 3 Min. dünsten. Spinat fest ausdrücken und grob hacken. Quinoa mit den vorbereiteten Zutaten und den gemahlenen Chiasamen verkneten. Die Masse mit Salz und Kreuzkümmel würzen und mindestens 10 Min. quellen lassen.

3 Aus der Masse mit feuchten Händen 24 kleine Burger formen. Das restliche Rapsöl in einer Pfanne erhitzen, die Burger darin auf jeder Seite ca. 4 Min. braten. Die Burger herausnehmen und mit BBQ-Sauce (siehe Tipp) servieren.

Tipp – BBQ-Sauce

Dafür 100 g getrocknete Soft-Pflaumen, 1 EL Orangenmarmelade, 100 ml Orangensaft, 250 ml passierte Tomaten in einem Topf aufkochen und offen bei kleiner Hitze ca. 15 Min. einkochen lassen, dabei öfter umrühren. Die Sauce mit einem Pürierstab pürieren, mit 1 TL Garam Masala oder ersatzweise Curry-, Kurkuma- oder Pimentpulver und Salz oder Rauchsalz (siehe S. 44) würzen.

LINSENFRIKADELLEN MIT SESAMSAMEN

Zutaten für 20 Stück:
200 g Puy-Linsen
2 Knoblauchzehen
200 g Suppengemüse (z. B. Möhren, Petersilienwurzel, Staudensellerie)
2 – 3 Zweige Rosmarin
4 EL Olivenöl
Salz, Pfeffer
65 g Leinsamen
20 g zarte Haferflocken
2 EL Sesamsamen

~

50 Min. Zubereitung
30 Min. Quellen
30 Min. Ruhen
Pro Stück: ca. 78 kcal, 4 g EW, 4 g F, g KH

~

1 Linsen nach Packungsangabe in Wasser einweichen und quellen lassen. Dann abgießen und kalt abbrausen. 1 l Wasser aufkochen, die Linsen darin in 30 – 40 Min. garen. Inzwischen Knoblauch schälen und würfeln. Das Gemüse putzen, schälen und sehr klein würfeln. Den Rosmarin waschen und trocken schütteln, die Nadeln abzupfen und hacken. 2 EL Olivenöl in einer Pfanne erhitzen, Knoblauch, Gemüse und Rosmarin darin 3 – 4 Min. dünsten, mit Salz und Pfeffer kräftig würzen. Den Gemüsemix beiseitestellen.

2 Leinsamen im Blitzhacker fein mahlen. Linsen in ein Sieb abgießen und abtropfen lassen. Etwa die Hälfte der Linsen grob pürieren. Gemahlene Leinsamen, Gemüse und übrige Linsen unterrühren. Mit Salz und Pfeffer abschmecken. Aus der Masse mit feuchten Händen 20 walnussgroße Frikadellen formen, mit Sesamsamen bestreuen, leicht andrücken und ca. 30 Min. ruhen lassen, damit die Leinsamen ausquellen können.

3 Übriges Öl in einer beschichteten Pfanne erhitzen, die Linsenfrikadellen darin bei mittlerer Hitze auf jeder Seite in 8 Min. knusprig braten. Die Frikadellen herausnehmen, auf Küchenpapier abtropfen lassen, dann heiß servieren. Dazu passen Blattsalat und Chutney, Salsa (siehe S. 130) oder BBQ-Sauce (siehe Tipp S. 136).

Tipp

Wer Abwechslung liebt, kann Rosmarin durch Bohnenkraut oder Thymian ersetzen und die Frikadellenmasse mit je 1 kräftigen Prise Raz el Hanout oder Garam Masala abschmecken. Und statt Puy-Linsen Tellerlinsen oder andere Hülsenfrüchte verwenden.

SPINAT-TOFU-LASAGNE MIT KURKUMA

Lasagne ohne Milch und Käse – geht das überhaupt? Es geht! Seidentofu sorgt für eine cremige Sauce und Vollkornbrösel geben den leckeren Crunch. Wer will, streut geriebenen Mozzarella zwischen die Schichten und etwas obendrauf.

Zutaten für 4 – 6 Personen
3 kleine, saftige Orangen
35 g frische Kurkuma (oder 2 EL Kurkumapulver)
400 g Seidentofu
150 g Tahin (Sesammus)
350 ml Gemüsebrühe
90 g Margarine
45 g Mehl
Salz, Pfeffer
1 Prise frisch geriebene Muskatnuss
2 – 3 EL grüner Pfeffer (frisch oder in Lake)
800 g TK-Blattspinat
1 Bund Frühlingszwiebeln
12 Vollkorn-Lasagneblätter
2 EL getrocknete Physalis
50 g trockenes Vollkornbaguette
2 EL Kürbiskerne

~

30 Min. Zubereitung
30 Min. Backen
Bei 6 Personen pro Portion: ca. 500 kcal, 17 g EW, 26 g F, 46 g KH

~

1 Backofen auf 170° Umluft vorheizen. Orangen samt weißer Haut schälen, halbieren und die Kerne entfernen. Die Kurkuma schälen und in Stücke schneiden. Orangen, Kurkuma, Seidentofu und Tahin in einen Mixer geben und fein pürieren, dabei nach und nach die Brühe untermixen. Für die Sauce 60 g Margarine in einem Topf zerlassen, das Mehl darin bei kleiner Hitze unter Rühren ca. 3 Min. anschwitzen. Die Tofucreme unter Rühren dazugeben. Die Sauce noch einmal aufkochen, mit Salz, Pfeffer und Muskat kräftig würzen, den grünen Pfeffer dazugeben und unterrühren. Sauce beiseitestellen.

2 Den Spinat auftauen lassen und fest ausdrücken. Den Spinat in einer Schüssel auflockern, mit Salz und Pfeffer würzen. Die Frühlingszwiebeln putzen, waschen und in feine Ringe schneiden.

3 Etwas Sauce in eine Auflaufform (28 × 18 cm) geben, 3 Lasagneplatten darauflegen. Spinat, Frühlingszwiebelringe, Physalis und Sauce darauf verteilen. Das Schichten wiederholen, bis alle Zutaten aufgebraucht sind, die oberste Schicht Lasagneplatten sollte mit Sauce bedeckt sein. Die Lasagne im Ofen (Mitte) ca. 30 Min. backen. (Hier Packungsangabe beachten: Bei einer angegebenen Garzeit von 40 Min. evtl. zusätzlich 100 ml Wasser unter die Sauce rühren.)

4 Das Baguette grob zerbröseln. Mit Kürbiskernen im Blitzhacker zerkrümeln. Die übrige Margarine zerlassen, die Baguette-Kürbiskerne-Krümel unterrühren. Ca. 5 Min. vor dem Garzeitende die Lasagne damit bestreuen.

Out of the Pantry

PESTO UND KRÄUTERSAUCEN

Mit einem feinen Dip schmecken Quinoa-Burger, Linsenfrikos, Gemüsesticks und gegrilltes Gemüse noch besser – ob für die Brotzeit, für unterwegs oder auf dem Partybüffet. Dafür bieten sich neben scharfen Chutneys auch Saucen mit frischen Kräutern an. Es lohnt sich also, immer ein Gläschen Sauce, Pesto oder Salsa im Kühlschrank vorrätig zu haben. Alle drei Kräutersaucen eignen sich auch sehr gut für die klassische Pasta mit Pesto.

①

1 MORINGA-BASILIKUM-PESTO

Für 6–8 Personen: 1 kleine Knoblauchzehe schälen und hacken. 3 Bund Basilikum waschen und trocken schütteln, die Blätter abzupfen und mit ½ TL Salz, 1 TL Moringapulver, dem Knoblauch und 125 ml Olivenöl cremig pürieren. 2 EL Pinienkerne untermixen – für die Veggie-Variante nach Belieben noch 3 EL frisch geriebenen Parmesan unterrühren. Das Pesto in ein Schraubglas füllen, glatt streichen und mit einer dünnen Schicht Olivenöl bedecken und verschließen. So hält es sich im Kühlschrank 1–2 Wochen.

(2)

2 GRÜNE VOGELMIERE-CREME

Für 6 – 8 Personen: 100 g Cashewnusskerne in kaltem Wasser ca. 2 Std. einweichen. 2 Handvoll Vogelmiere (ca. 80 g oder je 2 Bund Petersilie oder Estragon) waschen, verlesen und trocken schleudern. Cashewnusskerne in ein Sieb abgießen, dann kalt abbrausen und abtropfen lassen. ½ Knoblauchzehe schälen. Mit Cashewnusskernen, Vogelmiere, 3 EL Apfelessig und 5 EL Wasser im Blender fein pürieren, eventuell noch ein paar Löffel Wasser untermixen. Mit Salz und Pfeffer und 1 TL Chilisauce würzen.

3 WIESENKRÄUTER-SALSA

Für 6 – 8 Personen: 1 EL gemahlene Leinsamen in 2 EL Zitronensaft einweichen. Je 1 Schalotte und Knoblauchzehe schälen und klein würfeln. 1 Gewürzgurke in dünne Scheiben schneiden, ebenfalls würfeln. 1 TL Kapern mit 1 EL grüne Oliven ohne Stein grob hacken. 2 Handvoll Wild- und Wiesenkräuter (z. B. Giersch, Vogelmiere, Löwenzahn, Ackerminze, Brunnenkresse, junge Brennnesselspitzen; oder 2 Bund gemischte Kräuter für Frankfurter Grüne Sauce) waschen, verlesen und trocken schleudern. Dicke Stiele entfernen und den Rest grob hacken. Leinsamen mit Kräutern und 125 ml Rapsöl fein pürieren. Schalotte, Knoblauch, Gewürzgurke, Kapern und Oliven untermischen. Die Salsa mit Salz und Pfeffer würzen, in ein Schraubglas füllen, glatt streichen und mit einer dünnen Schicht Öl bedecken. Verschließen und einige Tage kühl aufbewahren.

PENNE MIT GOJIBEEREN UND TOMATEN

Zutaten für 4 Personen:
3 EL getrocknete Gojibeeren
500 g Tomaten
2 junge Knoblauchzehen
2 – 3 Stängel Minze
Salz, Pfeffer
7 EL Olivenöl
400 – 500 g Dinkelpenne
2 EL Pinienkerne
4 EL Vollkornbrotbrösel
~
35 Min. Zubereitung
Pro Portion: ca. 725 kcal,
20 g EW, 24 g F, 104 g KH
~

1 Gojibeeren in 3 EL warmem Wasser einweichen. Tomaten waschen, vierteln und würfeln. Knoblauch schälen, Minze waschen und trocken schütteln, die Blätter zerzupfen. Mit Gojibeeren, Tomaten und Knoblauch mischen, salzen, pfeffern und 5 EL Öl unterrühren.

2 Penne in Salzwasser in 10 – 12 Min. al dente kochen. Pinienkerne hacken. Mit Brotbröseln und übrigem Öl in einer Pfanne unter Rühren knusprig rösten, leicht salzen. Penne abgießen und abtropfen lassen, mit Sauce mischen, anrichten und mit Brotbröseln bestreuen.

Tipp
Brotbrösel sind die vegane Antwort auf Parmesan. Wer will, röstet die Brösel mit Rosmarin oder Thymian.

KAMUTSPAGHETTI MIT ZITRONEN-SPINAT

Zutaten für 4 Personen:
600 g TK-Blattspinat
4 Zwiebeln
4 Knoblauchzehen
1 Zitrone
400 – 500 g Kamutspaghetti
5 – 6 EL Olivenöl
400 g Hafersahne
Salz, Chilipulver
schwarzer Pfeffer
~
25 Min. Zubereitung
Pro Portion: ca. 745 kcal,
20 g EW, 32 g F, 85 g KH
~

1 Spinat auftauen und abtropfen lassen, grob zerkleinern. Zwiebeln und Knoblauch schälen. Zwiebeln halbieren und in Streifen, Knoblauch in Scheiben schneiden. Zitrone heiß waschen und abtrocknen, die Schale abreiben und 4 EL Saft auspressen.

2 Spaghetti in Salzwasser nach Packungsangabe in 11 Min. al dente kochen. Öl erhitzen, Zwiebeln und Knoblauch darin zugedeckt bei mittlerer Hitze in 8 Min. hellbraun braten, salzen, zwischendurch umrühren. Mit Zitronensaft ablöschen. Hafersahne, Zitronenschale und Spinat unterrühren, offen bei großer Hitze cremig einkochen lassen. Mit Salz und Chilipulver würzen.

3 Spagetti abgießen, 150 ml Wasser auffangen. Spaghetti unter die Sauce rühren und aufkochen. So viel Nudelwasser zugeben, bis sie mit Sauce umhüllt sind. Mit Pfeffer servieren.

KÜRBISGNOCCHI MIT CHIASAMEN

Zutaten für 4 Personen:
1 kg Hokkaido-Kürbis
5 EL Olivenöl
30 g Chiasamen
140 g Teffmehl
Salz
1 Prise frisch geriebene Muskatnuss
1 Bund Schnittlauch
1 Stück frischer Meerrettich (ca. 5 cm)
1 Bund Salbei
2 EL Oliven (in Rohkostqualität)

Außerdem:
Teffmehl zum Arbeiten

~

30 Min. Zubereitung
45 Min. Backen
Pro Portion: ca. 320 kcal, 8 g EW, 17 g F, 33 g KH

~

1 Backofen auf 180° (Umluft 160°) vorheizen. Den Kürbis vierteln, schälen und entkernen. Das Kürbisfleisch grob würfeln, mit 1 EL Öl in eine Auflaufform geben, abdecken und im Backofen (Mitte) ca. 30 Min. garen. Danach den Kürbis offen ca. 15 Min. trocknen lassen. Herausnehmen, 500 g Kürbisfleisch durch eine Kartoffelpresse drücken. Chiasamen im Blender mahlen. Mit Teffmehl unter das Kürbispüree kneten. Mit Salz und Muskat kräftig würzen.

2 Salzwasser aufkochen. Kürbisteig auf einer bemehlten Arbeitsfläche zu fingerdicken Strängen rollen, diese in ca. 2 cm lange Stücke schneiden und 3 – 4 Min. in siedendes Salzwasser geben, bis sie nach oben steigen. Dann die Gnocchi bei kleiner Hitze ca. 5 Min. ziehen lassen. Den Schnittlauch waschen, trocken schütteln und in Röllchen schneiden. Den Meerrettich schälen. Die Salbeiblätter abreiben und 1- bis 2-mal durchschneiden.

3 Die Gnocchi abtropfen lassen. 4 EL Öl in einer Pfanne erhitzen, Salbei darin in ca. 1 Min. knusprig ausbacken. Salbei herausheben und auf Küchenpapier abtropfen lassen. Gnocchi und Oliven im Salbeiöl schwenken, sofort anrichten. Mit Schnittlauchröllchen und Salbei bestreuen. Den Meerrettich über die Gnocchi reiben.

Tipp

Auch in Nordeuropa wächst ein Gemüse, das ordentlich einheizt: Meerrettich steckt voller scharfer Senföle, eine Geheimwaffe gegen Bakterien. Verwenden Sie Meerrettich immer frisch. Nach Belieben ein Stück davon waschen und schälen, fein reiben und sofort verwenden. Nicht kochen – die ätherischen Öle verfliegen schnell.

ROSENKOHL-BOHNEN-RISOTTO

Mit Vollkornreis wird der Risotto nicht so sämig, doch dafür bekommt er ein besonderes, nussiges Aroma, das bei weißem Reis verloren geht. Deshalb braucht die Vollkornvariante ein wenig Margarine oder Butter, aber keinen Parmesan.

Zutaten für 4 Personen:
1,2 l Gemüsebrühe
3 EL Olivenöl
250 g Vollkorn-Risottoreis
4 – 5 EL Rotwein
500 g Rosenkohl (oder Grünkohl, Wirsing oder Rotkohl)
1 Glas kleine, weiße Bohnen (ca. 240 g Abtropfgewicht)
2 Scheiben Vollkornbrot
3 Zweige Bohnenkraut
3 EL Walnusskerne
1 – 2 EL vegane Margarine (oder Butter)
Salz, Pfeffer

~

45 Min. Zubereitung
Pro Portion: ca. 485 kcal, 14 g EW, 16 g F, 65 g KH

~

1 Die Brühe aufkochen und warm halten. 1 EL Olivenöl erhitzen, den Risottoreis darin unter Rühren 2 – 3 Min. andünsten. Rotwein dazugießen und vollständig einkochen lassen. Zuerst etwa ein Drittel der Brühe angießen und ca. 40 Min. kochen lassen, zwischendurch nach und nach die übrigen zwei Drittel Brühe zum Risotto geben und mit einem Holzlöffel immer wieder umrühren.

2 Inzwischen den Rosenkohl waschen und putzen. Die Röschen in feine Scheiben hobeln oder schneiden. Die Bohnen in einem Sieb kalt abbrausen und abtropfen lassen. Nach ca. 30 Min. Bohnen und Rosenkohl zum Risotto geben und ca. 10 Min. mitgaren.

3 Inzwischen das Brot zerpflücken. Das Bohnenkraut waschen und trocken schütteln, die Blättchen abstreifen. Das restliche Olivenöl in einer Pfanne erhitzen, Brot und Walnusskerne darin in 2 – 3 Min. knusprig braten. Die Mischung aus der Pfanne nehmen und kurz abkühlen lassen, dann mit Bohnenkraut und 1 Prise Salz im Blitzhacker nicht zu fein zerkleinern.

4 Den Risotto vom Herd nehmen und die Margarine unterrühren. Risotto mit Salz und Pfeffer würzen, auf vorgewärmten Teller anrichten, mit den Bröseln bestreuen und sofort servieren.

1 Den Teig zu 6 Kugeln formen und zu Teigkreisen ausrollen. Teigkreise halbieren.
2 In die Mitte der Teighälften 1 EL von der Füllung geben.

3 Die geraden Kanten der Teighälften in der Mitte zu Viertelkriesen füllen. Die Teigränder einschlagen und etwas andrücken.

BUCHWEIZEN-DINKEL-SAMOSAS

Verwenden Sie zum Ausbacken lieber etwas mehr als weniger Öl. Denn reichlich Öl kühlt nicht so stark ab, wenn die Samosas dazukommen. Sie werden dadurch knusprig und nicht so fett.

Zutaten für 12 Stück:
3 EL Walnusskerne
3 EL rote Linsen
125 g Buchweizenmehl
175 g Vollkorn-Dinkelmehl
80 g Kokosöl
Salz
500 festkochende Kartoffeln
250 g Zwiebeln
2 Tomaten
1 Stück frischer Ingwer (ca. 4 cm)
1–2 rote Chilischoten
½ TL gelbe Senfsamen
½ TL Kreuzkümmelsamen
2 Lorbeerblätter
1 EL Kurkumapulver
1 Bund Koriandergrün

Außerdem:
Buchweizenmehl zum Arbeiten
ca. 200 ml neutrales Öl zum Ausbacken

~

55 Min. Zubereitung
Pro Stück: ca. 250 kcal, 6 g EW, 14 g F, 25 g KH

~

1 Die Walnusskerne und roten Linsen separat in warmem Wasser ca. 30 Min. einweichen. Beide Mehlsorten mischen. 25 g Kokosöl, 200 ml Wasser und 1 kräftige Prise Salz aufkochen, dann mit Mehl zu einem festen und geschmeidigen Teig verkneten. Abgedeckt ca. 30 Min. abkühlen lassen.

2 Inzwischen Kartoffeln waschen oder schälen und ca. 1 cm groß würfeln, mit 125 ml Wasser und 1 Prise Salz zugedeckt bei kleiner Hitze ca. 12 Min. dünsten. Anschließend offen übrige Flüssigkeit einkochen lassen. Zwiebeln schälen und würfeln. Tomaten waschen und ohne Stielansätze würfeln. Ingwer schälen und hacken. Chilischoten längs halbieren, entkernen, waschen und hacken.

3 Die Linsen und Nüsse abgießen, abbrausen und abtropfen lassen. Übriges Kokosöl in einer Pfanne erhitzen, Walnusskerne darin ca. 1 Min. rösten, dann abkühlen lassen und grob hacken. Senfsamen in dieselbe Pfanne geben, nach 10 Sek. Linsen und Kreuzkümmel hinzufügen und rösten, bis die Gewürze knistern. Ingwer, Chili und Lorbeerblätter unterrühren. Kurkumapulver, Zwiebeln und Tomaten dazugeben, alles salzen und ca. 5 Min. köcheln lassen, zwischendurch umrühren. Kartoffeln und Nüsse untermischen und 2–3 Min. köcheln lassen. Koriandergrün waschen, trocken schütteln, mit Stielen hacken und unter die Füllung mischen.

4 Teig zu 6 Kugeln formen, auf einer bemehlten Arbeitsfläche zu Kreisen (18 cm Ø) ausrollen. Kreise halbieren, jeweils 1 EL Füllung daraufgeben. Gerade Teigkanten in der Mitte so falten, dass Viertelkreise entstehen. Die offenen Ränder ca. ½ cm nach innen schlagen und andrücken. Das Öl erhitzen, die Teigtaschen darin auf jeder Seite 4–5 Min. backen. Auf Küchenpapier abtropfen lassen.

BURRITOS MIT QUINOA UND SALSA

Cremig, saftig und sehr würzig – Burritos sind klassisches Comfort Food. Je größer die Mengen, umso einfacher wird die Zubereitung. Sie sind ideal für Partys und dann kann jeder Gast seinen Burrito aus den vorbereiteten Zutaten selber füllt.

Zutaten für 4 Personen:
125 g Quinoa, Salz
3 EL Olivenöl
250 g schwarze Bohnen (Glas oder Dose)
400 g Brokkoli
150 g Kirschtomaten
1 – 2 rote Peperoni
8 Salatblätter
8 fertige Tortillas

Für die Salsa:
150 g Cashewnusskerne
2 TL scharfer Senf
2 EL Zitronensaft
2 EL Olivenöl
1 Bund Koriandergrün
3 Frühlingszwiebeln
½ TL Kurkumapulver
1 Prise gemahlener Kreuzkümmel, Salz

~

45 Min. Zubereitung
Pro Portion: ca. 812 kcal, 25 g EW, 32 g F, 102 g KH

~

1 Cashewnusskerne für die Salsa in lauwarmem Wasser einweichen. Quinoa in kaltem Wasser ca. 5 Min. einweichen, dann in einem Sieb waschen und abtropfen lassen. Quinoa und 250 ml Wasser in einem Topf aufkochen, zugedeckt in 15 – 17 Min. bissfest garen, bis kein Wasser mehr übrig ist. Topf beiseitestellen und Quinoa zugedeckt kurz nachquellen lassen. Salzen und 2 EL Öl unterrühren. Bohnen abgießen, abbrausen und abtropfen lassen.

2 Brokkoli putzen, waschen und in Röschen teilen. Stiele schälen und in Scheiben schneiden. 1 EL Olivenöl und 2 EL Wasser in einem Topf erhitzen, den Brokkoli darin zugedeckt ca. 4 Min. dünsten, dann salzen und beiseitestellen. Die Tomaten waschen und halbieren. Peperoni waschen, putzen und in Ringe schneiden. Salatblätter waschen und trocken schleudern, dicke Stiele entfernen.

3 Für die Salsa die Cashewnusskerne abgießen, abbrausen und abtropfen lassen. Mit Senf, Zitronensaft, übrigem Öl und 75 ml Wasser cremig pürieren. Koriandergrün waschen, trocken schütteln und mit den Stielen grob schneiden. Frühlingszwiebeln putzen, waschen und in Ringe schneiden. Mit Koriandergrün, Kurkumapulver, Kreuzkümmel und Salz unter die Cashewnusscreme mixen.

4 Die Tortillas nacheinander in eine Pfanne geben und bei großer Hitze auf jeder Seite ca. 15 Sek. erwärmen. Die Tortillas herausnehmen und mit jeweils 1 Salatblatt belegen. Quinoa, Bohnen, Brokkoli, Peperoni und Koriandersalsa darauf verteilen, die Tortillas eng aufrollen und sofort servieren.

Out of the Pantry

SUPER-GEWÜRZ-MISCHUNGEN

Neben Chutneys und Co. sorgen Gewürzmischungen für eine superaromatische und abwechslungsreiche Gemüseküche: Mischen Sie Ihre eigenen Gewürze, Pasten und Salze. Und experimentieren Sie damit bei Rezepten, in denen nur Salz und Pfeffer vorkommen. Gute Grundgewürze scheinen teuer zu sein, doch da Sie nur kleine Mengen davon brauchen, ist fantasievolles Würzen die preiswerteste Art, aufsehenerregend zu kochen.

1 PEPERONI-INGWER-PASTE
Für 400 g: 200 g rote, nicht zu scharfe Peperoni längs halbieren, entkernen, waschen und in Streifen schneiden. Wer möchte, ersetzt einen Teil durch rote Paprikaschoten. 50 g frischen Ingwer schälen und in dünne Scheiben schneiden. Den Saft von 1 Zitrone auspressen. 1 Zitrone heiß waschen und abtrocknen, in Spalten schneiden und entkernen. Zitronenspalten mit Schale quer in Scheiben schneiden. Zitronenstücke und -saft mit Peperoni und 3 EL Olivenöl grob pürieren. 40 g Salz unterrühren. Die Paste in ein Glas füllen, mit 5 – 6 Lorbeerblättern abdecken, 3 EL Olivenöl daraufgeben und mit einem Glas oder Stein beschweren. Auf einem warmen Fensterbrett 1 Tag oder 1 Woche ziehen lassen. Die Paste passt zu Gerichten mit Schärfekick wie Gemüseragouts, Saucen oder Suppen.

(1)

2 SUPERGEWÜRZ

Für 125 g: 2 EL getrocknete Gojibeeren, 1 EL Kurkumapulver, 2 EL weiße Sesamsamen, 3 EL Kokosraspel, 1 EL Raz el Hanout oder Garam Masala und ½ TL Salz oder Rauchsalz (siehe Tipp S. 44) im Blitzhacker fein mahlen. Das Supergewürz passt zu vielen Gerichten. Die feine Kokos-Kurkuma-Note ergänzt besonders asiatisch angehauchte Gerichte. Es harmonisiert sehr gut mit gedünstetem oder gegrilltem Gemüse. In Gerichten mit mehr Sauce wirkt es als leichtes Bindemittel.

3 PHYSALISSALZ

Für 125 g: 3 EL Paprikapulver, 1 EL Chiliflocken, 65 g getrocknete Physalis und 1 EL Salz im Blitzhacker mahlen. Dann noch 1 knappen TL Rapsöl unterrühren. Je mehr Chiliflocken Sie verwenden, desto schärfer wird die Mischung. Das Physalissalz bringt durch die feine Säure der Physalis einen Hauch Frische in ein Gericht. Es passt überall dort, wo auch Paprikapulver gut schmeckt, z. B. im Rosenkohl-Kartoffel-Gulasch (siehe S. 116) oder auch im Hummus (siehe S. 48).

DESSERTS

Bei diesen süßen Ideen schmilzt jeder dahin: Viele Superfood wie roher Kakao, Kokos, Carob oder Heidelbeeren, sind ideal für zauberhafte Nachspeisen. Und mit ihrer natürlichen Süße, den gesunden Fetten und einer Extraportion Antioxidantien sind Mini-Mesquite-Pies, Mandel-Panna-cotta mit Matchapulver oder Lucuma-Eis nur ganz klitzekleine Sünden. Dafur ist ihr Genussfaktor umso größer.

SUPER ZUM SÜSSEN

Dass raffinierter, weißer Zucker nicht gesund ist, hat sich inzwischen sicher herumgesprochen. Doch es gibt natürliche Alternativen zum Süßen mit besseren Eigenschaften, z. B. Süßungsmittel, die den Blutzuckerspiegel nicht so hoch ansteigen lassen, oder die neben ihrer Süßkraft wertvolle Inhaltsstoffe enthalten. Allerdings: Zucker ist Zucker. Auch diese süßen Alternativen sollten Sie immer nur in Maßen einsetzen.

1

1 AGAVENSIRUP

Aus dem Saft der Agave entsteht Agavensirup oder -dicksaft. Lange war er bei Veganern das Süßungsmittel Nummer eins, inzwischen ist er etwas in Verruf geraten: Agavensirup enthält vor allem Fruchtzucker – ein Zuviel davon kann sich negativ auf den Stoffwechsel auswirken. Agavensirup ist süßer als Haushaltszucker, etwa 100 g Sirup entsprechen 125 – 150 g Zucker. Zudem ist er gut löslich und geschmacksneutral, eignet sich also zum Kochen.

2 KOKOSBLÜTENZUCKER

Kokosblütenzucker wird resourcenschonend aus Blütennektar der Kokospalme gewonnen. Er gilt als einer der nachhaltigsten Zucker. Zwar stecken in ihm ähnlich viele Kalorien wie in Haushaltszucker, aber auch jede Menge gute Mineralien. Kokosblütenzucker schmeckt leicht nach Karamell. Er eignet sich gut zum Backen und kann gewöhnlichen Zucker 1:1 ersetzen.

3 STEVIA

Das Kraut aus Südamerika ist 100-mal süßer als Zucker – also Stevia extrem sparsam verwenden. Vorteil: Stevia ist völlig kalorienfrei. Nachteile: Es hat einen etwas bitteren, lakritzartigen Nachgeschmack. Und in seiner natürlichen Form, als grünes Pulver der getrockneten Blätter, ist es bei uns nicht als Lebensmittel zugelassen. Die EU-Zulassung beschränkt sich auf die enthaltenen Steviolglycoside, die in mehreren Verarbeitungsschritten aus der Pflanze gewonnen werden. In dieser Form sind Stevia-Produkte bei uns erhältlich.

4 REISSIRUP

Der aus gemahlenem, gekochtem Reis gewonnene Sirup ist reich an Mineralstoffen und fruktosefrei. Vor allem in der asiatischen Küche verwendet man den sehr geschmacksneutralen Sirup gern.

2

5 AHORNSIRUP

Der eingekochte, eingedickte Saft des Ahornbaumes ist eine natürliche vegane Alternative zu Honig und schön aromatisch. Auch er bietet viele Mineralstoffe, die meisten Vitamine gehen allerdings durch das mehrmalige Kochen verloren. Ahornsirup süßt aber stärker als Kristallzucker. Faustregel: 75 g Sirup ersetzen 100 g Zucker.

6 VOLLROHRZUCKER

Der getrocknete Saft des Zuckerrohrs hat noch alle Vitamine, Mineralstoffe und Spurenelemente. Er ist goldbraun und schmeckt leicht nach Karamell. Der etwas hellere Rohrohrzucker entsteht aus kristallisiertem, raffiniertem Vollrohrzucker. Er enthält noch einige Mineralstoffe und Vitamine. In puncto Kaloriengehalt und Kariesrisiko sind beide mit weißem Zucker aus Zuckerrüben vergleichbar. Brauner Zucker wird oft nachträglich mit Sirup gefärbt – hat also keine wertvollen Inhaltsstoffe.

7 HONIG

Honig süßt schön mild und ist eine gute Nährstoffquelle. Neben Zucker stecken in ihm viele Mineralstoffe, Vitamine und wertvolle Enzyme, die Stoffwechsel und Immunsystem stärken. Nehmen Sie unfiltrierten, schonend geschleuderten Honig – z. B. deutschen Imkerhonig. Honig immer roh verwenden, also warmen Gerichten erst nach dem Kochen zufügen. Honig ist nicht vegan.

TO GO

FRUCHTIGE SUPER-SOMMERDRINKS

Unsere leichten Sommerdrinks sind alkoholfrei, schmecken einfach so oder zum Essen. Gojibeeren werden eingeweicht, dabei geben sie Geschmack ans Wasser ab, das man so trinken kann – ein Löffel Gojibeeren aromatisiert etwa 100 ml Wasser. Peruanischer Purpurmais ist ein Superfood, das nur übers Internet erhältlich ist, und dicht gepackt mit roten Pflanzenfarbstoffen. Das lilarote peruanische Nationalgetränk »Chicha morada« wir daraus zubereitet und ist sehr erfrischend.

(1)

1 MATCHA-EISTEE

Für 4 Gläser: 30 g frischen Bio-Ingwer, 4 Bio-Limetten und 1 Bund Minze waschen. Ingwer und 2 Limetten in hauchdünne Scheiben schneiden. Den Saft der übrigen Limetten auspressen. Den Limettensaft und Ingwer mit 900 ml Wasser aufkochen. Den Topf beiseitestellen, 2 EL grünen Matchatee unterrühren. Minze bis auf 4 Stängel dazugeben. Alles etwa 10 Min. ziehen lassen, dann abgießen. Mit wenig Agavendicksaft, Rohrohrzucker oder Kokosblütenzucker süßen. Den Tee abkühlen lassen. Mit Ingwerscheiben, 1 Minzestängel und Eiswürfeln in Gläsern servieren.

2 CHICHA MORADA

Für 1 Liter: Die Körner von 1 peruanischen Purpurmaiskolben abbröseln. 1 Bio-Orange heiß waschen, abtrocknen und in Scheiben schneiden. Maiskörner und Orangenscheiben mit 1 Stange Zimt, 1 Anisstern, den Schalen von ¼ Bio-Ananas in einen Topf geben. 1 l Wasser dazugießen und aufkochen. Die Mischung zugedeckt bei kleiner Hitze 1 Std. köcheln lassen. Nach Geschmack mit etwas Agavendicksaft, Rohrohrzucker oder Kokosblütenzucker süßen. Den Topf vom Herd nehmen und den Drink abkühlen lassen. Chicha morada durch ein Sieb in eine Karaffe oder Gläser abgießen. In Peru wird die Chicha morada kalt getrunken – sie schmeckt aber auch heiß sehr gut. Eventuell etwas Pisco oder Rum dazugeben – so ist der Drink eine echte Alternative zu Glühwein und anderen Heißgetränken.

(2)

3 GOJIBEEREN-KOKOS-DRINK

Für 1 Liter: 3 EL getrocknete Gojibeeren in 300 ml kaltem Wasser mindestens 2 Std. einweichen. 500 ml Kokoswasser (Bioladen) in eine Karaffe gießen. Das Gojiwasser durch ein Sieb in die Karaffe abgießen und mit dem Kokoswasser vermischen. Einige Gojibeeren mit in die Karaffe geben und den Rest fürs Müsli oder einen Salat verwenden. Den Saft von 2 Orangen auspressen, ebenfalls in die Karaffe gießen und alles umrühren. Den Drink kalt stellen. Mit Eiswürfeln in Gläser füllen, nach Belieben mit 1 Orangenscheibe servieren.

(3)

CAROB-PANCAKES MIT HEIDELBEEREN

Zutaten für 4 Personen:
300 g Heidelbeeren (frisch oder TK)
175 g Vollkorn-Dinkelmehl
2 TL Backpulver
1 Päckchen Vanillezucker
2 EL Kokosblütenzucker
2 EL Carobpulver
1 TL abgeriebene Schale von 1 Bio-Zitrone
1 EL Zitronensaft
100 ml Nussmilch
200 ml Mineralwasser mit Kohlensäure
3 EL Rapsöl
200 g Kokosjoghurt (Rezept siehe S. 30)

Außerdem:
Rapsöl zum Backen
Carobpulver zum Bestreuen

~

25 Min. Zubereitung
Pro Portion: ca. 390 kcal, 9 g EW, 16 g F, 51 g KH

~

1 Die Heidelbeeren waschen und abtropfen lassen, TK-Beeren unaufgetaut verwenden. Mehl, Backpulver, Vanillezucker, Kokosblütenzucker und Carobpulver in einer Rührschüssel mischen. Zitronenschale, Zitronensaft, Nussmilch, Mineralwasser und Öl unterrühren, aber nicht zu lange, kleine Mehlklümpchen im Teig stören nicht. Den Kokosjoghurt nach dem Rezept auf Seite 30 zubereiten.

2 Die Hälfte der Heidelbeeren unter den Teig ziehen. Aus dem Teig nacheinander 16 – 20 handtellergroße Pfannkuchen backen. Dafür einige Tropfen Rapsöl in einer beschichteten Pfanne erhitzen, pro Pfannkuchen 1 gehäuften EL Teig hineingeben, glatt streichen und ca. 3 Min. backen, dann wenden und die zweite Seite ca. 2 Min. backen. Herausnehmen und warm halten, bis der Teig aufgebraucht ist. Die Pancakes mit Carobpulver bestreuen und den Joghurt mit den übrigen Heidelbeeren garnieren. Beides extra servieren.

Tipp

Die Pancakes schmecken auch mit Fruchtsalat. Dafür 1 Bio-Zitrone heiß waschen und abtrocknen, Schale fein abreiben und Saft auspressen. Mit 1 – 2 EL Kokosblütenzucker, je 1 Prise Chili- und Zimtpulver verrühren. Blätter von 1 Stängel Minze zerzupfen und dazugeben. Nach Belieben 400 g gemischte Früchte wie Physalis, dunkle Beeren, Granatapfelkerne, Kirschen, Pfirsich oder Mango vorbereiten, klein schneiden, mit Zitronensaft mischen und ziehen lassen, bis die Pancakes fertig sind.

MESQUITE-PUDDING

MANDEL-PANNA-COTTA
MIT MATCHAPULVER

ROHE GRÜTZE

MANDEL-PANNA-COTTA MIT MATCHAPULVER

Zutaten für 6 – 8 Personen:
100 g geschälte Mandeln
50 g Kakaobutter (Bioladen)
4 EL Kokosblütenzucker
1 EL Sojasahne
200 ml Mandelmilch
1 Bio-Limette
1 TL Matchapulver (5 g)
1 große, reife Birne
100 ml Aroniasaft
2 EL Zitronensaft
1 Packung Gelierzucker ohne Kochen für 250 g Früchte

~

15 Min. Zubereitung
12 Std. Einweichen
1 Std. 30 Min. Kühlen
Bei 8 Personen pro Portion: ca. 230 kcal, 3 g EW, 14 g F, 22 g KH

~

1 Die Mandeln in kaltem Wasser mindestens 2 Std. (besser 12 Std. über Nacht) einweichen. Mandeln in ein Sieb abgießen, kalt abbrausen und abtropfen lassen.

2 Die Kakaobutter zerlassen und mit Mandeln, Kokosblütenzucker, Sojasahne und Mandelmilch fein pürieren. Limette heiß waschen und abtrocknen, die Schale fein abreiben und den Saft auspressen. Beides mit dem Matchapulver unter die Mandelcreme mixen.

3 Die Creme in 6 – 8 Gläschen verteilen und im Tiefkühlfach in ca. 1 Std. fest werden lassen. Dann herausnehmen und ca. 30 Min. in den Kühlschrank stellen.

4 Inzwischen die Birne schälen, vierteln, entkernen und im Mixer fein pürieren. 135 g Birnenpüree mit Aroniasaft und Zitronensaft verrühren und den Gelierzucker untermischen. Die Mandelcreme ca. 30 Min. vor dem Servieren aus dem Kühlschrank nehmen. Die Aronia-Birnen-Sauce auf der Creme verteilen und servieren.

Tipp

Wenn etwas Birnensauce übrig bleibt, den Rest einfach in ein Gläschen füllen und in den Kühlschrank stellen. Sie schmeckt auch als Brotaufstrich sehr lecker. Aroniasaft gibt es im Bioladen oder im Internet. Er wird aus der Aroniabeere, auch als Apfelbeere bekannt, hergestellt. Er gibt der Birnensauce eine leicht herbe Note.

ROHE GRÜTZE

Zutaten für 4 Personen:
100 g Cashewnusskerne
175 g Sojajoghurt
100 ml Apfelsaft
1 Päckchen Vanillezucker, Salz
500 g gemischte dunkle Beeren (frisch oder TK)
1 Packung Gelierzucker ohne Kochen, Zimtpulver

~

10 Min. Zubereitung
2 Std. Einweichen, 2 Std. Kühlen
Pro Portion: ca. 325 kcal, 7 g EW, 12 g F, 47 g KH

~

1 Die Cashewnusskerne in kaltem Wasser mindestens 2 Std. einweichen. Cashewnusskerne in ein Sieb abgießen, kalt abbrausen und abtropfen lassen. Mit Sojajoghurt, Apfelsaft, Vanillezucker und 1 Prise Salz im Blender oder Hochleistungsmixer sehr cremig mixen.

2 Frische Beeren verlesen, vorsichtig waschen und abtropfen lassen. (TK-Beeren auftauen lassen, dabei den Saft auffangen und mit den aufgetauten Beeren auf 200 g ergänzen.) 200 g frische Beeren mit dem Gelierzucker und 1 Prise Zimtpulver im Mixer oder mit einem Pürierstab auf höchster Stufe ca. 1 Min. pürieren. Die übrigen Beeren untermischen und die Grütze mindestens 2 Std. kalt stellen. Die Grütze mit der Cashew-Vanillecreme servieren.

MESQUITE-PUDDING

Zutaten für 4 Personen:
4 EL Sonnenblumenkerne
4 EL weiße Chiasamen
60 g getrocknete Aprikosen
2 EL Mesquitepulver
400 ml Mandelmilch
100 g Physalis
1 EL getrocknete Gojibeeren
2 EL Erdmandelmehl

~

15 Min. Zubereitung
2 Std. Einweichen
Pro Portion: ca. 255 kcal, 8 g EW, 14 g F, 21 g KH

~

1 Die Sonnenblumenkerne in kaltem Wasser mindestens 2 Std. einweichen. Chiasamen, getrocknete Aprikosen, Mesquitepulver und Mandelmilch in einem Mixer ca. 30 Min. ausquellen lassen.

2 Inzwischen die Physalis aus den Hüllen lösen, waschen und halbieren. Gojibeeren und Erdmandelmehl im Blitzhacker mahlen. Die Sonnenblumenkerne in ein Sieb abgießen, kalt abbrausen und abtropfen lassen und zur Chiasamen-Mischung geben. Die Mischung im Mixer fein pürieren und in vier Gläser oder Schalen geben.

3 Die Physalis daraufgeben und mit den Gojibeerenbröseln bestreuen. Die Creme entweder sofort servieren oder im Kühlschrank noch ca. 30 Min. kühlen, sodass die Creme noch etwas fester wird.

CHIASAMEN-GRÜTZE MIT HIMBEEREN

Zutaten für 4 – 8 Personen:
400 g Himbeeren (oder Erdbeeren)
350 ml Mandelmilch (oder eine andere Nussmilch)
5 EL weiße Chiasamen
1 Prise Vanillepulver
3 EL Holunderblütensirup (oder Grenadinesirup oder ein anderes flüssiges Süßungsmittel)
4 EL Mandelblättchen

~

10 Min. Zubereitung
30 Min. Quellen
30 Min. Ruhen
Bei 8 Personen pro Portion: ca. 90 kcal, 3 g EW, 5 g F, 8 g KH

~

1 Die Himbeeren verlesen, nur wenn nötig, vorsichtig waschen und auf Küchenpapier abtropfen lassen. Etwa 100 g Himbeeren mit der Mandelmilch im Mixer pürieren, dann das Püree zum Entfernen der Himbeersamen in ein Sieb abgießen.

2 Die Chiasamen mit Himbeer-Mandelmilch, Vanillepulver und Holunderblütensirup verrühren und mindestens ca. 30 Min. quellen lassen. Dann die Chiasamen-Grütze einmal umrühren und nach Belieben in vier große oder acht kleine Schälchen oder Gläser geben. Anschließend die Grütze weitere 30 Min. ruhen lassen.

3 Inzwischen die Mandelblättchen in einer Pfanne ohne Fett unter Rühren hellbraun rösten, dann herausnehmen und abkühlen lassen. Die Chiasamen-Grütze mit Mandelblättchen bestreut servieren.

Variante – Kokospudding

Für 4 Personen: 4 EL Chiasamen, 60 g getrocknete Soft-Pflaumen, 2 EL Carobpulver, 1 EL Mesquitepulver, 400 ml Kokoswasser (Bioladen) und 100 g frisches Kokosnussfruchtfleisch (oder 50 g Kokosraspel in 4 EL Wasser einweichen) im Mixer fein pürieren. 200 g Heidelbeeren waschen, verlesen, abtropfen lassen und mit dem Kokospudding anrichten. 1 EL Kakaonibs und 2 EL Erdmandelmehl im Blitzhacker mahlen und darüberstreuen.

SCHOKOLADEN-NUSS-EIS MIT MESQUITE

Zutaten für 8 Personen:
250 g Cashewnusskerne
75 g Kakaobutter (Bioladen)
200 g Ahorn- oder Reissirup
250 ml Nussmilch (oder Nussmilch mit Vanille)
60 g rohes Kakaopulver
60 g Mesquitepulver
40 g Rohschokolade

~

15 Min. Zubereitung
12 Std. Einweichen
4 Std. Gefrieren
Pro Portion: ca. 395 kcal, 8 g EW, 25 g F, 32 g KH

~

1 Cashewnusskerne in kaltem Wasser ca. 2 Std. (besser 12 Std. über Nacht) einweichen. Cashewnusskerne abgießen, kalt abbrausen und abtropfen lassen. Kakaobutter zerlassen, mit Nüssen, Ahorn- oder Reissirup, Nussmilch, Kakao- und Mesquitepulver pürieren.

2 Die Masse in einer Schüssel ca. 4 Std. ins Tiefkühlfach stellen. Sobald die Masse beginnt fest zu werden, häufiger umrühren. Oder die Masse in einer Eismaschine in ca. 30 Min. gefrieren lassen. Kurz bevor das Eis fertig ist, Rohschokolade grob hacken und unterrühren.

Variante – Schoko-Shake

3–4 EL kalter Espresso, 4 EL Haselnussmilch, 2 Kugeln Schokoeis, 4 Eiswürfel cremig mixen. Sofort servieren.

LUCUMA-EIS

Das cremige Eis lässt sich gut variieren – statt Orangensaft Fruchtfleisch und statt Agaven- lieber Reissirup nehmen.

Zutaten für 8 Personen:
250 g Cashewnusskerne
100 g Kokosöl
200 g Agavensirup
250 ml Orangensaft
60 g Lucumapulver
~
15 Min. Zubereitung
12 Std. Einweichen
4 Std. Gefrieren
Pro Portion: ca. 405 kcal, 6 g EW, 26 g F, 35 g KH
~

1 Die Cashewnusskerne in kaltem Wasser mindestens 2 Std. (besser 12 Std. über Nacht) einweichen. Die Cashewnusskerne in ein Sieb abgießen, kalt abbrausen und abtropfen lassen.

2 Das Kokosöl in einem Topf zerlassen. Mit Cashewnusskernen, Agavensirup, Orangensaft und Lucumapulver in einen Hochleistungsmixer geben und fein pürieren.

3 Die Masse in eine Schüssel füllen und ca. 4 Std. ins Tiefkühlfach stellen. Sobald die Masse beginnt fest zu werden, häufiger umrühren. Oder die Eismasse in eine Eismaschine geben und in ca. 30 Min. gefrieren lassen.

Out of the Pantry

SUPER-SORBETS OHNE ZUCKER

Sorbets sind lecker und lassen sich bestens vorbereiten – weil aber nur der fruchteigene Zucker drin ist, werden sie im Tiefkühlfach hart. Also nach der Ruhezeit gleich essen. Wenn das Sorbet doch zu hart geworden ist, noch einmal kurz aufmixen. Sie können die Sorbets auch nach dem Mixen servieren – dann gehen sie mehr in Richtung Smoothie oder Froozie. Maca, Mesquite und Carob können Sie untereinander austauschen – je nachdem, welches Superfood Sie probieren wollen.

1 ACAI-KIRSCH-SORBET

Für 8 Personen: 500 g Süßkirschen (oder Sauerkirschen aus dem Glas) waschen und entsteinen (oder abtropfen lassen). Kirschen ca. 6 Std. ins Tiefkühlfach stellen. 200 ml Kokoswasser (Bioladen) in eine Eiswürfelform gießen und einfrieren, den Rest kalt stellen. Kirschen, Kokoseiswürfel, 200 g TK Acaipüree und 200 ml Kokoswasser (Bioladen) mit 2 EL Carobpulver pürieren. Je nach Kirschsorte 1–2 EL Kokosblütensirup unter das Fruchtpüree rühren. Im Tiefkühlfach ca. 1 Std. anziehen lassen. Zum Servieren einmal umrühren.

3

2 ANANAS-KOKOS-SORBET

Für 8 Personen: Eine Platte mit Folie auslegen. 1 reife Ananas (oder 600 g Ananasfruchtfleisch) schälen, vierteln, von der holzigen Mitte befreien und in Scheiben schneiden. ½ Banane schälen und in Scheiben schneiden. Die Scheiben nebeneinander auf die Platte legen und ca. 4 Std. ins Tiefkühlfach stellen. 200 ml Kokoswasser (Bioladen) in eine Eiswürfelform gießen und einfrieren, den Rest kalt stellen. Die Ananasstücke, Kokoswassereiswürfel, 1 EL Macapulver und 200 ml Kokoswasser (Bioladen) mit 1 Prise Pimentpulver im Mixer fein pürieren und im Tiefkühlfach ca. 1 Std. anziehen lassen. Zum Servieren einmal umrühren. Dann nach Belieben das Sorbet mit einem Spritzbeutel mit großer Sterntülle in kleine Gläser spritzen, mit 1 Schuss Pisco oder Cachaça beträufeln.

3 MELONEN-SCHOKO-SORBET

Für 8 Personen: 1 kg Honigmelone halbieren, entkernen, würfeln und pürieren (ca. 600 g Melonenpüree). 1 Bio-Orange heiß waschen und abtrocknen, 1 TL Schale fein abreiben und den Saft auspressen. Beides mit 2 EL Mesquitepulver und 1 Prise Zimtpulver unter das Melonenpüree rühren, in ein flaches Gefäß füllen und ca. 4 Std. ins Tiefkühlfach stellen. Den Orangensaft in den Kühlschrank stellen. 3 EL Pistazienkerne in einer Pfanne ohne Fett rösten, bis sie duften. Abkühlen lassen und grob hacken. 60 g Rohschokolade grob hacken. Meloneneis mit einer Gabel in eiswürfelgroße Stücke teilen, mit Orangensaft im Blender fein pürieren und im Tiefkühlfach ca. 1 Std. anziehen lassen. Schokolade und Pistazien unterrühren und servieren.

SUSIS MINI-MESQUITE-PIES

Zutaten für 12 kleine Gläser:

Für die Creme:
50 g getrocknetes Irisch Moos
400 g Aprikosen (oder Mango, Papaya oder TK-Kokosnuss-fruchtfleisch)
6 – 8 Bio-Limetten
125 g Kokosblütenzucker
1 EL Sojasahne
50 g Mesquitepulver
2 EL Macapulver (nach Belieben)
60 g Kokosöl

Für den Boden:
80 g Kokosraspel
80 g weiche getrocknete Datteln ohne Stein
20 g Kokosöl

Außerdem:
12 Souffléförmchen (à ca. 125 ml Inhalt)

~

45 Min. Zubereitung
12 Std. Quellen
4 Std. Kühlen
Pro Glas: ca. 200 kcal, 2 g EW, 12 g F, 20 g KH

~

1 Für die Creme das Irisch Moos mindestens fünfmal waschen, in eine Schüssel mit reichlich kaltem Wasser geben und über Nacht quellen lassen. Am nächsten Tag das Irisch Moos abgießen, mehrfach kalt waschen und unschöne Teile entfernen. Die Aprikosen waschen, halbieren, entsteinen und fein pürieren (ca. 300 g Püree; das TK-Kokosnussfruchtfleisch auftauen lassen).

2 Für den Boden Kokosraspel, Datteln und Kokosöl in einem Blitzhacker oder einem Mixer zerkleinern, bis eine feine Paste entsteht. Aus dem Teig 12 Bällchen à ca. 15 g formen und auf den Boden der Souffléförmchen setzen und flach drücken.

3 Limetten heiß waschen und abtrocknen, die Schale von 3 Limetten fein abreiben und den Saft aller Früchte auspressen (200 ml). Mit Aprikosenpüree und Kokosblütenzucker in einen Mixer geben und auf kleiner Stufe mixen, bis sich der Zucker aufgelöst hat. Irisch Moos, Sojasahne, Mesquite- und nach Belieben Macapulver dazugeben. Das Kokosöl zerlassen und ebenfalls dazugeben. Alles auf höchster Stufe glatt pürieren. Die Creme in die Förmchen geben und mindestens 4 Std. in den Kühlschrank stellen. Die Pies in den Förmchen und zimmerwarm servieren.

Tipp

Irisch Moos ist eine Algenart, die Cremes ohne Kochen sehr gut bindet. Die Algen gibt es vor allem getrocknet im Internethandel. Wichtig ist es, die Algen lange einzuweichen und gründlich zu waschen, damit das feine Dessert später nicht nach Meer, sondern nur nach mehr schmeckt. Die kleinen Pies lassen sich auch prima einfrieren und bei Bedarf auftauen.

SUPER-ENERGY-BALLS MIT DATTELN

Zutaten für 36 – 40 Stück:
1 Bio-Zitrone
200 g getrocknete Datteln ohne Stein
2 EL Kakaonibs
150 g gemahlene Mandeln
175 g Kokosraspel
1 EL getrocknete Gojibeeren
1 TL grüner Matchatee
1 EL Macapulver

~

30 Min. Zubereitung
Bei 40 Stück pro Stück:
ca. 65 kcal, 1 g EW, 5 g F, 4 g KH

~

1 Zitrone heiß waschen und abtrocknen, die Zitronenschale abreiben und 1 EL Saft auspressen. Mit Datteln, Kakaonibs, Mandeln und 125 g Kokosraspeln im Blitzhacker zu einem festen Teig zerkleinern. 25 g Kokosraspel und Gojibeeren im Blitzhacker fein mahlen. Übrige Kokosraspel und Matchatee ebenfalls mahlen.

2 Aus dem Teig 36 – 40 Kugeln in der Größe einer Praline formen, in den orangefarbenen Gojibröseln, in den grünen Matchabröseln oder in Macapulver wälzen.

Tipp

Frisch schmecken die Balls am besten. Sie halten sich aber auch einige Tage in einer dicht verschlossenen Dose.

CAROB-SHORTBREAD

Frisch gebacken, schmecken Shortbreads am besten. Wer möchte, hebt sie in einer gut schließenden Keksdose auf.

Zutaten für ca. 40 Stück:
3 EL Leinsamen
100 g zimmerwarmes Kokosöl
50 g Kokosblütenzucker
150 g Teffmehl
25 g Hanfmehl
25 g Carobpulver + Carob zum Bestäuben, ½ TL Backpulver
50 g Zartbitterschokolade

~

15 Min. Zubereitung
30 Min. Kühlen
15 Min. Backen
Pro Stück: ca. 50 kcal, 3 g EW, 1 g F, 4 g KH

~

1 Die Leinsamen im Blitzhacker mahlen, mit 90 ml kaltem Wasser in einer Schüssel verrühren und quellen lassen. Inzwischen das Kokosöl und den Kokosblütenzucker mit den Quirlen des Handrührgeräts in ca. 10 Min. weiß-schaumig schlagen. Teff- und Hanfmehl, Carob- und Backpulver mischen. Die Schokolade hacken und mit dem Mehl unter das Kokosöl mischen. Die Leinsamenpaste unterkneten. Den Teig ca. 30 Min. kalt stellen.

2 Den Backofen auf 170° vorheizen (Umluft ungeeignet). Ein Backblech mit Backpapier auslegen. Aus dem Teig mit feuchten Händen ca. 40 Kugeln formen. Die Teigkugeln auf das Backblech legen und leicht flach drücken.

3 Die Teigkugeln im Backofen (Mitte) ca. 15 Min. backen. Shortbread herausnehmen, mit dem Backpapier vom Blech ziehen und abkühlen lassen. Mit wenig Carobpulver bestäuben.

APFEL-NUSS-COOKIES MIT CHIASAMEN

Zutaten für ca. 36 Stück:
50 g Chiasamen
75 g Walnusskerne
125 g Sonnenblumenkerne
½ Bio-Zitrone
2 mittelgroße Äpfel (300 g)
100 g getrocknete Apfelringe
1 Päckchen Vanillezucker
100 g gekeimter Quinoa (siehe Tipp S. 72)
30 g gepoppter Amarant
3 EL Carobpulver
3 EL Erdmandelmehl

~

15 Min. Zubereitung
12 Std. Quellen
16 Std. Trocknen
Pro Stück: ca. 70 kcal, 2 g EW, 4 g F, 6 g KH

~

1 Chiasamen in 125 ml kaltem Wasser ca. 2 Std. einweichen. Walnusskerne grob hacken. Mit den Sonnenblumenkernen in kaltem Wasser mindestens 2 Std. (besser 12 Std. über Nacht) einweichen.

2 Zitrone heiß waschen und abtrocknen, die Schale fein abreiben und den Saft auspressen. Äpfel waschen, abtrocknen und ohne Kerngehäuse raspeln. Mit Zitronensaft und -schale mischen. Die Hälfte davon mit den Apfelringen im Blitzhacker pürieren. Walnuss-Mischung abgießen und grob hacken. Mit Apfelpüree, übrigen Apfelraspeln, Chiasamen, Vanillezucker, Quinoa, Amarant, Carobpulver und Erdmandelmehl zu einer zähen Masse verkneten.

3 Im Ofen oder im Dörrgerät trocknen lassen. Für das Trocknen im Ofen drei Backbleche mit Backpapier auslegen. Den Teig mit einem Esslöffel in jeweils 12 Häufchen auf die Bleche setzen, etwas flach drücken. Im Backofen (Mitte) bei 130° Umluft in 50 – 55 Min. mehr trocknen als backen, zwischendurch die Bleche austauschen, damit alle Ebenen gleichmäßig getrocknet werden. Oder für das Trocknen im Dörrgerät Backpapier so ausschneiden, dass es auf die Siebe des Geräts passt und am Rand noch etwas Platz frei ist. Den Teig auf das Backpapier setzen und bei 40° etwa 14 – 16 Std. trocknen, nach ca. 10 Std. das Backpapier entfernen.

Tipp

Gepoppter Amarant schmeckt sehr gut im Cookie, ist aber nicht roh – wer es ganz puristisch haben möchte, ersetzt den Amarant durch gekeimten Quinoa.

SCHOKOLADEN-HASELNUSS-TÖRTCHEN

Servieren Sie die Törtchen mal mit Orangensalat. Dafür zwei bis drei Orangen schälen und in Scheiben schneiden. Mit einigen Tropfen Kokosblütensirup und Rum oder Kaffeelikör beträufeln und mit den Törtchen anrichten – schmeckt einfach himmlisch.

Zutaten für 12 Stück:
160 g Haselnusskerne
30 g getrocknetes Irisch Moos (siehe S. 174)
80 g getrocknete Physalis
20 g Kokosöl
500 g Bio-Orangen (oder Bio-Blutorangen)
25 g Kakaonibs
5 EL Kokosblütensirup
2 EL Carobpulver
30 g Rohschokolade

Außerdem:
12er-Muffinblech
12 Papierbackförmchen
je 1 TL Kakao- und Carobpulver zum Bestreuen

~

45 Min. Zubereitung
12 Std. Quellen
4 Std. Kühlen
Pro Stück: ca. 185 kcal, 3 g EW, 13 g F, 15 g KH

~

1 Die Haselnusskerne in einer Schüssel mit kaltem Wasser bedecken und 12 Std. einweichen. Das Irisch Moos mindestens 5-mal waschen und in reichlich kaltem Wasser über Nacht quellen lassen. Am nächsten Tag das Irisch Moos abgießen, mehrfach kalt waschen und unschöne Teile entfernen. Die Haselnusskerne ebenfalls abgießen, kalt abbrausen und abtropfen lassen.

2 Für den Teig die Hälfte der Haselnusskerne, Physalis und Kokosöl in einen Universalzerkleinerer geben und zerkleinern, bis eine Paste entsteht. Papierbackförmchen in die Vertiefungen des Muffinblechs setzen. Aus dem Teig 12 Bällchen à 15 g formen, auf den Boden der Vertiefungen geben und flach drücken.

3 Die Orangen heiß waschen und abtrocknen, dann die Schale von 1 Orange fein abreiben. Alle Orangen samt weißer Haut schälen und das Fruchtfleisch (350 g) in Stücke schneiden, dabei die Kerne entfernen. Kakaonibs im Blitzhacker mahlen. Irisch Moos, Orangenfruchtfleisch, Orangenschale und Kokosblütensirup in einen Hochleistungsmixer geben und fein mixen. Restliche Haselnusskerne, gemahlene Kakaonibs und Carobpulver dazugeben, alles fein und glatt mixen. Rohschokolade hacken und unter die Creme rühren. Auf den Teigböden verteilen. Die Form zuerst 1 Std. ins Tiefkühlfach, dann mindestens 3 Std. in den Kühlschrank stellen.

4 Zum Servieren die Törtchen herausnehmen und Zimmertemperatur annehmen lassen. Kakao- und Carobpulver mischen und die Törtchen damit bestreuen.

USA
EKCO

SUPERFOODS TAUSCHEN

Unsere Rezepte sollen Sie inspirieren. Doch wenn eine Zutat mal nicht da ist oder Ihnen nicht schmeckt, tauschen Sie sie aus. Die meisten Superfoods können Sie durch andere oder »normale« Zutaten ersetzen – vor allem innerhalb einer Nahrungsmittelgruppe. Manchmal verändert sich die Konsistenz oder der Geschmack etwas, das macht aber nichts. Hier sind Alternativen zu fast allen beschriebenen Superfoods.

SUPERGEMÜSE

Brokkoli	Rosenkohl, Romanesco, Wirsing, Grünkohl
Brunnenkresse	Gartenkresse
Grünkohl	Wirsing, Romanesco, Rosenkohl, Brokkoli
Mangold	Spinat
Spinat	Mangold

SUPERFRÜCHTE

Avocado	Cashewnussmus
Granatapfel	Johannisbeere
Hagebutte	statt Hagebuttenmus: ungesüßtes Pflaumenmus
Kakaobohne	Carob
Kokosmilch	Nussmilch
Kokosöl	Kakaobutter
Kokosraspel	gemahlene Nüsse
Kokoswasser	Wasser (süße Gerichte) oder Gemüsebrühe (pikante Gerichte)
Olive	getrocknete Tomate

SUPERBEEREN

Acaibeere	Aroniabeere, Heidelbeere
Aroniabeere	Acaibeere, Schlehe, Heidelbeere
Brombeere	Himbeere, Maulbeere
Cranberry	Preiselbeere
Gojibeere	Rosinen, getrocknete Physalis
Heidelbeere	Acaibeere, Aroniabeere
Himbeere	Brombeere, Maulbeere
Maulbeere	Brombeere, Himbeere
Physalis	Stachelbeere
Sanddornsaft	Cranberrysaft

SUPERSAMEN UND -NÜSSE

Chiasamen	Leinsamen
Erdmandel	Haselnusskerne
Hanfsamen	Sesamsamen, gemahlene Mandeln
Leinsamen	Chiasamen
Quinoa	Amarant, Kaniwa
Sesamsamen	gemahlene Mandeln, Hanfsamen
Sonnenblumenkerne	Kürbiskerne, Cashewnusskerne
Walnusskerne	andere Nüsse

SUPERGEWÜRZE

Chilischote	Peperoni, Pfeffer
Ingwer	Kurkuma, Meerrettich
Kurkuma	Ingwer
Knoblauch	Zwiebel, Lauch, Frühlingszwiebel
Meerrettich	Ingwer
Zimt	Vanille, Piment (pikante Gerichte)

SUPERKRÄUTER

Basilikum	Petersilie, Schnittlauch
Brennnessel	Babyspinat
Giersch	Petersilie
Koriandergrün	Petersilie
Löwenzahn	Friséesalat, Rucola, Radicchio
Vogelmiere	Portulak, Feldsalat

NOCH MEHR SUPERFOODS

Carobpulver	Kakao-, Lucuma-, Mesquitepulver
Lucumapulver	Mesquitepulver
Macapulver	Carobpulver (nur bei kleinen Mengen)
Matchatee	Grüner Tee
Mesquitepulver	Lucumapulver
Moringapulver	Meerrettich in pikanten Gerichten

REZEPT- UND SACHREGISTER

Damit Sie Rezepte mit bestimmten Zutaten noch schneller finden, sind in diesem Register auch beliebte Zutaten wie **Algen** und **Blaubeeren** alphabetisch geordnet und hervorgehoben. Darunter finden Sie das Rezept Ihrer Wahl.

L

M

Projektleitung: Tanja Dusy
Lektorat: Maryna Zimdars
Korrektorat: Karin Leonhart
Innen- und Umschlaggestaltung: independent Medien-Design, Horst Moser, München
Herstellung: Susanne Mühldorfer
Satz: Christopher Hammond
Repro: Longo AG, Bozen
Druck und Bindung: Firmengruppe appl, Wemding
Syndication: www.jalag-syndication.de
Printed in Germany

1. Auflage 2015
ISBN 978-3-8338-4471-3

BILDNACHWEIS

Alle Fotos: Maria Grossman, Monika Schürle, Berlin

Umwelthinweis:
Dieses Buch ist auf PEFC-zertifiziertem Papier aus nachhaltiger Waldwirtschaft gedruckt.

Gedruckt auf Galaxi Supermat, exklusiv bei der Papier Union.

DAS AUTORENTEAM

Die ausgebildete Journalistin **Susanna Bingemer** und den gelernten Koch **Hans Gerlach** eint die Leidenschaft für gesunde Ernährung und kulinarischen Genuss. Darüber schreiben sie nicht nur, sondern entwickeln auch passende Rezepte und fotografieren sie – z. B. für Zeitschriften wie das Magazin der Süddeutschen Zeitung, Slowfood Magazin und eat healthy. Für den GU-Verlag haben die beiden viele Bücher verfasst, aktuell den Gesundheitsratgeber „Superfoods - Kraftpakete aus der Natur". Susanna Bingemer teilt ihre Erfahrungen zudem auf ihrem Blog eatsleepgreen.de. Die Versuchsküche für dieses Kochbuch leitete **Adele Steinbeis**.

DIE FOTOGRAFINNEN

Maria Grossmann und **Monika Schürle** arbeiten seit Langem im Team und sind erfolgreich in den Bereichen Food, Stilllife und Interior tätig. Ihre Auftraggeber sind Magazine, Verlage und Agenturen. Mit der Foodstylistin **Susanne Walter** arbeiten sie regelmäßig zusammen, besonders gerne bei ungewöhnlichen Themen. Tatkräftig unterstützt wurden sie bei diesem Projekt von **Stefanie Nickel** und **Julie Kratzmeier**.

Backofenhinweis:
Die Backzeiten können je nach Herd variieren. Die Temperaturangaben in unseren Rezepten beziehen sich auf das Backen im Elektroherd mit Ober- und Unterhitze und können bei Gasherden oder Backen mit Umluft abweichen. Details entnehmen Sie bitte Ihrer Gebrauchsanweisung.

QUALITÄTS GU GARANTIE

Liebe Leserin, lieber Leser,

haben wir Ihre Erwartungen erfüllt? Sind Sie mit diesem Buch zufrieden? Haben Sie weitere Fragen zu diesem Thema? Wir freuen uns auf Ihre Rückmeldung, auf Lob, Kritik und Anregungen, damit wir für Sie immer besser werden können.

GRÄFE UND UNZER Verlag
Leserservice
Postfach 86 03 13
81630 München
E-Mail:
leserservice@graefe-und-unzer.de

Telefon: 00800 / 72 37 33 33*
Telefax: 00800 / 50 12 05 44*
Mo–Do: 8.00–18.00 Uhr
Fr: 8.00–16.00 Uhr
(gebührenfrei in D, A, CH)*

Ihr GRÄFE UND UNZER Verlag
Der erste Ratgeberverlag – seit 1722.

www.facebook.com/gu.verlag

GRÄFE UND UNZER

Ein Unternehmen der
GANSKE VERLAGSGRUPPE